KB240035

똑똑하게 준비해서 **한 번**에 합격하자!

스마트 Smart
중국어 면접

동양books

초판 발행 | 2014년 9월 5일
초판 인쇄 | 2014년 9월 10일

지은이 | 유리, 권나경
발행인 | 김태웅
총 괄 | 권혁주
기 획 | 조희준
책임편집 | 연윤영
편 집 | 최미진, 한지순, 가석빈
디자인 | 차경숙
마케팅 | 서재욱, 김홍태, 장영임,
           정유진, 김귀찬, 왕성석
온라인 마케팅 | 김철영
관 리 | 김훈희, 이국희, 김승훈, 최국호
제 작 | 현대순

발행처 | 동양북스
등록 | 제 10-806호(1993년 4월 3일)
주소 | 서울시 마포구 동교로 22길 12 (121-842)
전화 | (02)337-1737
팩스 | (02)334-6624
웹사이트 | http://www.dongyangbooks.com

ISBN 979-11-5703-024-8 13720

이 도서의 국립중앙도서관 출판시도서목록(CIP)은 서지정보유통지원시스템 홈페이지(http://seoji.go.kr)와
국가자료공동목록시스템(http://www.nl.go.kr/kolisnet)에서 이용하실 수 있습니다.
(CIP제어번호:CIP2014024902)

머리말

필자의 대학 시절, 처음 인터넷을 통해 중국어 면접에 관련된 서적을 검색했던 기억이 납니다. 당시 다양한 영어 면접서는 넘쳐났지만 아무리 뒤져도 제대로 된 중국어 면접서를 찾을 수 없어, 스스로 중국어 답안을 만들고 고치고 또 고치고, 외우고 또 외우며 중국어 면접에 대비했습니다. 시간이 많이 지난 현재에도 크게 달라진 것 없이 중국어 면접서는 찾기 힘든 것 같습니다.

최근 취업을 위해 반드시 중국어 면접을 통과해야 하는 기업이 많아지고 있습니다. 대 · 중소기업, 기타 관공서 등 모두 중국어 시험성적 혹은 중국어 면접을 요구하고 있기 때문에 중국어 면접에 도움이 될만한 면접서가 점점 절실해지고 있습니다.

하지만 정작 그 중요성이 더해지고 있는 중국어 면접서는 찾기 쉽지 않다는 사실이 매우 안타까울 뿐입니다. 중국이란 나라가 강해질수록 점점 더 많은 기업이 중국어 면접을 시도하고 있고, 학생들의 중국어 실력을 평가하고자 합니다.

필자는 외국계 항공사의 한국 대행 면접에 직접 중국어 면접관으로 참석하고, 국내 유일의 중국어 면접반 과정을 강의하면서, 중국어 면접을 통과하기 위해 실질적으로 학생들에게 정말 필요하고 도움이 될 수 있으면서, 활용 가능한 교재를 만들어 보고자 본서를 집필하게 되었습니다.

이 책은 중국어면접을 준비하는 모든 이들에게 가장 기본적인 질문과 꼭 알아야 할 질문들을 주제별로, 단계별로 정리했습니다. 그리고 현장에서 이루어지는 면접대화를 실어서 여러분들이 면접장에서 어떤 상황을 겪게 될지 예상해 볼 수 있도록 구성하였습니다.

중국어가 중요시되고 있는 취업시장의 흐름에 발맞춰 이 책이 중국어 면접의 핵심기본서가 되었으면 합니다. 취업을 위해 중국어 면접을 준비하는 이들, 나아가 중국어에 관심이 있고 배우고자 하는 모든 이들에게 이 교재가 사막의 오아시스와 같은 존재가 될 수 있기를 희망합니다. 특히 여러분들 역시 교재를 통해, 중국어 면접에서 다른 지원자들과는 다른 자신만의 한 칼을 가질 수 있는 지원자가 되기를 희망합니다.

유리 & 권나경 올림

목차 content

중국어 특기로 나의 마이너스(-)를 플러스(+)로! 작은 키, 많은 나이로 승무원 되기!

통번역 전문가들과의 경쟁에서도 승리할 수 있는 면접 비법!

 면접의 결과는 합격과 탈락만 있다?!

 탈락에서 합격의 길로 가는 가장 중요한 비법

이 책의 활용

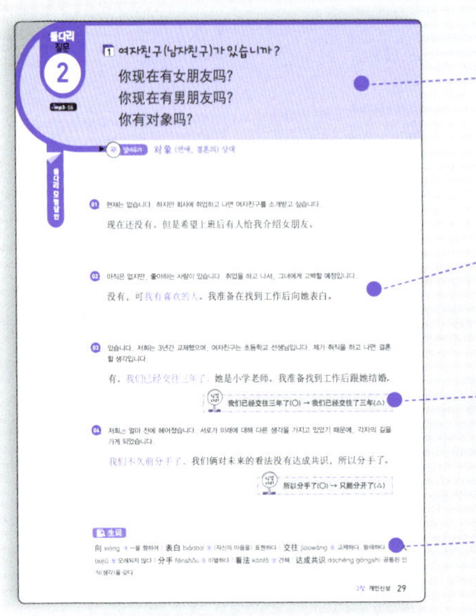

면접에 자주 나오는 질문을 주제별로 묶어, 돌다리 컨셉에 맞게 단계별로 담았습니다.

질문에 적합한 모범답안을 단계별로 여러 가지 유형을 제시하였으며, 모범답안 중 반드시 외워야 하거나 유용하게 쓰일 수 있는 구문에는 색으로 표시했습니다.

한국인이 습관처럼 자주 범하는 오류이거나 한국식 중국어 문장은 모범답안 바로 아래에 '징검다리' 코너로 짚어볼 수 있게 했습니다. ('징검다리'에 제시된 문장은 모범답안 내용을 기준으로 정리했습니다.)

모범답안을 막힘 없이 술술 읽을 수 있게 난이도 있는 단어를 별도로 정리했습니다.

반복학습이 필요한 구문은 단어 교체연습을 하며 문장을 완벽하게 익힐 수 있게 '유형연습' 코너로 따로 담았습니다.

합격에 한 발짝 더 다가가는 데에 필요한 면접소스를 모아 '면접 TIP'으로 정리했습니다.

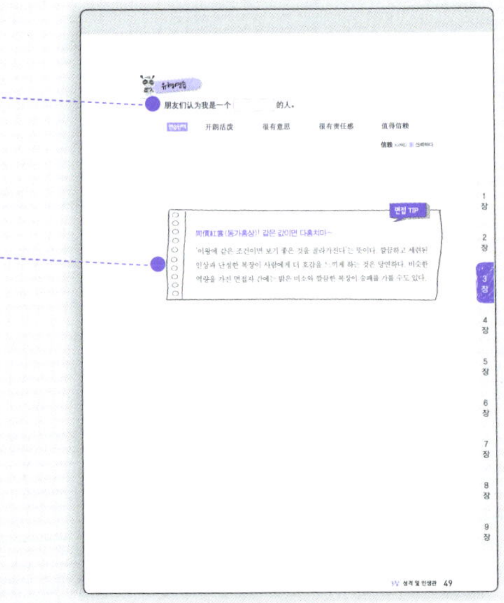

아직 면접현장에 익숙하지 않은 독자들을 위해 준비한 '면접현장 대화' 코너로, 앞에서 제시했던 내용을 간추려 실제 면접현장을 한눈에 볼 수 있게 다시 정리했습니다.

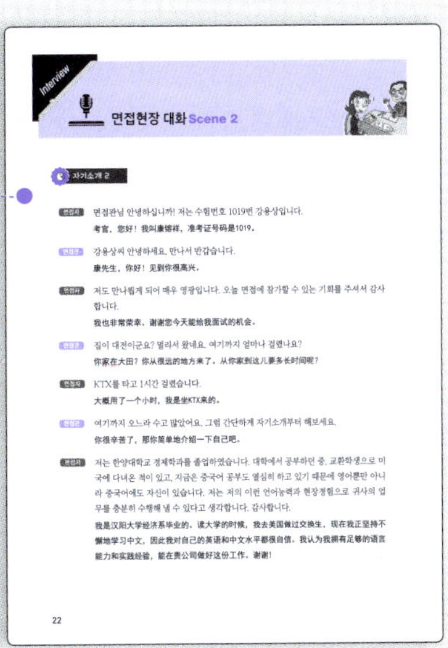

질의응답 외에 면접에서 중요한 요소들을 모아 정리했습니다. 면접시 취해야 하는 행동, 화장, 취업사진 등 전문가들을 통해서만 얻을 수 있는 자료들을 모아 놓은 '쉬어가기' 코너입니다.

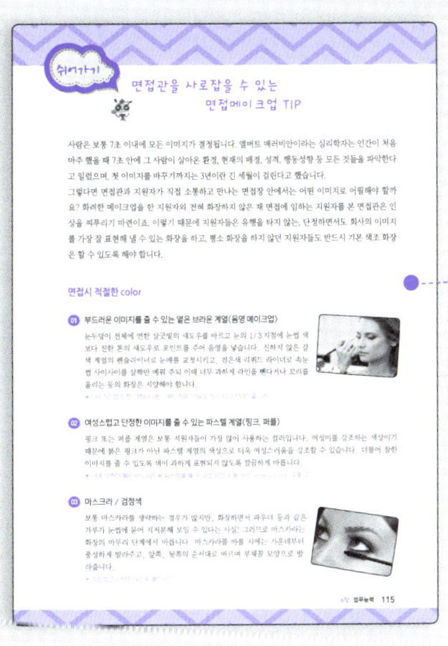

이 책은 新HSK 4급 이상의 독자를 대상으로, 면접에 자주 나오는 질문과 그에 대한 합격 모범답안만 뽑아 담았습니다. 또한 자신에게 적합한 내용으로 선별할 수 있도록 질문과 답안은 [한국어-중국어] 순서로 제시하였으며, 모범답안을 느린속도와 빠른속도로 2번 녹음한 MP3를 홈페이지에서 다운받아 학습할 수 있게 했습니다.

미리 맛본 교재 후기

내 인생 최고의 교재

기초부터 배우기엔 시간이 너무 부족해서 무작정 시작했지만, 면접 예상 질문만 아주 쏙쏙 뽑아 짧은 시간 안에 본인 소개를 자유자재로 할 수 있게 되었습니다!! (본인 노력도 중요함!!)
병음도 성조도 제대로 몰랐었는데 2개월 만에 면접관님과 중국어로 면접을 볼 수 있게 해준 알 짜배기 중국어 문장들 덕분에 지금은 멋지게 비행하고 있어요~. ^^

김○선(에어아라비아항공사 승무원 합격)

천군만마와 같은 중국어 문장

중국어 면접에서 나올만한 예상 질문, 주요 답변 등 마치 천군만마를 얻은 기분이었습니다. 늘 중국어 면접 때문에 어려움이 있었던 저에게는 시중에 나온 취업면접 관련 책보다 훨씬 도움을 많이 받았습니다. 혼자 10개월 동안 헤맸던 취업 전선을 이 책과 함께 하는 1달 기간은 저에게 큰 의미를 줬던 기간이었습니다. 그리고 면접에 대한 두려움을 없애고 자신감을 얻을 수 있었습니다.

성○완(진에어 지상직 합격)

한번의 기회도 놓치지 않게 만드는 교재!

기본적인 질문 답변에서부터 중국어 실력자처럼 말하고 표현하는 방법 등, 선생님의 경험과 비법이 총망라된 교재! 어디에서도 얻을 수 없던 것들이었습니다.
그동안 "중국어 면접? 대충 해. 어차피 면접관도 몰라."라는 말만 믿고 준비하지 않고 있는 분들!
운이 좋아 대충해서 합격할 수도 있겠지만, 정말 확실하게 준비한다면 자신감 백배는 물론! 단 한 번의 기회도 놓치지 않을 것으로 생각합니다. ^^
저처럼 중국어 점수는 있지만, 중국어 면접은 자신 없는 분들께 정말 강력추천 합니다!

박○진(해양경찰 합격)

일거양득

중국어 면접뿐만 아니라 한국어 면접을 준비할 수 있다는 점에서 정말 '일거양득'이라고 할 수 있습니다. 우선, 중국어 면접 대비의 경우 정말 주옥같은 중국어 문장들을 만날 수 있습니다. 어찌 그런 좋은 문장들이 있는지!! 같은 내용이어도 실제 면접 상황에서 다양하게 응용할 수 있도록 다양한 표현들이 있어 정말 실제 면접에 도움이 많이 될 것 같아요.

김○영(한국무역협회, 삼성전자 동시합격)

1장

자기소개
기초편 / 응용편
自我介绍

돌다리 질문 1-1 　간단하게 자기소개해보세요. (자기소개 기초편)

돌다리 질문 2-1 　본인을 설명해보세요. (자기소개 응용편)

1 간단하게 자기소개해보세요.

请您简单地自我介绍。
请介绍一下自己。

▶ 꼭 알아두기 自我介绍 자기소개

01 면접관님, 안녕하십니까! 제 이름은 김승희이고, 올해 26살입니다. 한양대학교 경제학과를 졸업했으며, 서울에 살고 있습니다. 저의 장점은 성격이 적극적이고 낙관적이어서 어떤 일을 하더라도 굉장히 즐겁게 합니다.

各位面试官，你们好！我叫金承喜，今年26岁了，是汉阳大学经济系的毕业生，我住在首尔。我的优点是态度积极、乐观，所以不管什么事，我都会很开心地去做。

징검다리 자기소개할 때 가족소개는 빼는 게 좋다! → 我家有4口人，爸爸，妈妈，哥哥和我。（△）

生词

各位 gèwèi 대 여러분 | 面试 miànshì 명동 면접시험(보다) | 汉阳大学 Hànyáng dàxué 한양대학교 | 经济系 jīngjìxì 경제학과 | 毕业生 bìyèshēng 명 졸업생 | 首尔 Shǒu'ěr 명 (지명) 서울 | 优点 yōudiǎn 명 장점 | 态度 tàidu 명 태도 | 积极 jījí 형 적극적이다, 긍정적이다 | 乐观 lèguān 형 낙관적이다, 희망차다 | 不管 bùguǎn 접 ~을 막론하고 | 开心 kāixīn 형 즐겁다

02 존경하는 면접관님, 안녕하십니까! 면접관님들을 뵙게 되어 매우 영광입니다. 제 이름은 김영주입니다. 현재 서강대학교 경영학과에서 공부하고 있으며, 몇 달 있으면 곧 졸업합니다. 귀사에 입사하는 것은 저의 꿈입니다. 감사합니다!

尊敬的各位考官，你们好！见到你们非常荣幸。我叫金英周。我现在就读于西江大学经营系，还有几个月就要毕业了。能进入贵公司是我的梦想。谢谢大家！

尊敬 zūnjìng 통 존경하다 | 考官 kǎoguān 명 (옛말) 시험관, 시험 감독관 | 荣幸 róngxìng 형 매우 영광스럽다 | 读于 dúyú ~에서 공부하다 | 西江大学 Xījiāng dàxué 서강대학교 | 经营系 jīngyíngxì 경영학과 | 还有 háiyǒu 접 그리고, 또한 | 就要 jiùyào 부 머지않아, 곧 | 进入 jìnrù 통 (어떤 시기, 상태에) 진입하다 | 贵公司 guìgōngsī 귀사 | 梦想 mèngxiǎng 명 꿈, 이상

03 저는 23살로, 현재 서강대학교 학생입니다. 최근 저는 중국어 공부를 시작하였습니다. 비록 한국에서 중국어를 공부하였지만, 정말 열심히 해서 이미 신HSK 4급을 취득하였습니다. 현재 간단한 듣기와 말하기에는 문제가 없습니다.

我今年23岁，现在是西江大学的学生。最近我开始学习中文。虽然我是在韩国学习的汉语，但是我学得很用功，已经取得了新HSK4级。现在简单的听和说都没问题。

징검다리 现在是西江大学的学生(○) → 现在在西江大学的学生(△)

最近 zuìjìn 명 최근, 요즈음 | 开始 kāishǐ 통 시작하다 | 虽然 suīrán 접 비록 ~하지만 | 用功 yònggōng 형 열심이다 | 取得 qǔdé 통 취득하다, 얻다 | 简单 jiǎndān 형 간단하다, 단순하다

04 면접관 여러분, 안녕하십니까! 제 이름은 박현희입니다. 저의 수험번호는 2750입니다. 저는 서울에서 태어났으며, 아버지는 사업을 하시고 어머니는 선생님, 오빠는 공무원으로 일을 하고 있습니다. 비록 가족들이 많이 바쁘긴 하지만, 언제나 저를 잘 돌봐 주시고 관심을 가져 주십니다. 저는 이렇게 좋은 가족이 있다는 것에 항상 감사하며, 저에게 있어 집은 온정이 넘치고 가장 즐거운 곳이라고 생각합니다.

各位面试官，你们好！我叫朴贤姬。我的准考证号码是2750。我出生在首尔，爸爸做生意，妈妈是老师，哥哥是公务员，虽然我家人都很忙，可是他们总是非常照顾我，关心我。我很感谢能拥有这么好的家人，觉得对我来说家是最温暖最快乐的地方。

징검다리 爸爸做生意(○) → 爸爸是商人(△)

准考证 zhǔnkǎozhèng 몡 수험표 | 号码 hàomǎ 몡 번호 | 做生意 zuò shēngyi 장사를 하다 | 公务员 gōngwùyuán 몡 공무원 | 照顾 zhàogù 동 보살피다 | 关心 guānxīn 동 (사람, 사물에 대해) 관심을 갖다 | 感谢 gǎnxiè 동 고맙다, 감사하다 | 拥有 yōngyǒu 동 보유하다, 소유하다 | 温暖 wēnnuǎn 형 따뜻하다, 온정이 넘치다

我英语学得很 ⬚ ，现在会说简单的日常对话。

　　认真　　用功　　努力

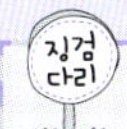 본인을 설명해보세요.

请您仔细地介绍一下自己。

请用一分钟的时间介绍自己。

请您仔细地介绍一下自己(○) → 请您仔细地说明自己(✕)

▶ 꼭! 알아두기　用一分钟的时间…… 1분 동안 ~
※ 시간을 제한하는 제시어가 주어질 수 있으므로 꼭 기억하기!

01 존경하는 면접관님, 안녕하십니까! 저는 홍익대학교 한중통상학과를 졸업했습니다. 4년간의 대학교 생활을 통해 저는 무역지식뿐만 아니라 중국어도 배워서 현재 중국사람들과의 교류에 전혀 문제가 없습니다. 만약 제가 귀사에 채용이 된다면, 제가 배운 지식을 업무에 활용하고 싶습니다. 꼭 다시 한 번 면접관님들을 뵙고 싶습니다. 감사합니다!

尊敬的各位面试官，你们好！我毕业于弘益大学的韩中通商系。四年的大学生活不仅让我学到了贸易知识，还学到了中文，所以现在跟中国人交流一点儿也不成问题。如果我被贵公司录用的话，我希望能把我的知识运用到我的工作上去。我希望能再次见到你们！谢谢大家！

还学到了中文(○) → 还学到了很好的中文(△)

 **生词**

毕业于 bìyè yú ~를 졸업하다 | 弘益大学 Hóngyì dàxué 홍익대학교 | 韩中通商系 HánZhōng tōngshāngxì 한중통상학과 | 不仅……还…… bùjǐn……hái…… 접 ~뿐만 아니라 ~하다 | 贸易 màoyì 명 무역 | 交流 jiāoliú 동 서로 소통하다 | 不成问题 bùchéng wèntí 문제가 되지 않다, 어렵지 않다 | 如果 rúguǒ 접 만약, 만일 | 录用 lùyòng 동 채용하다 | 运用 yùnyòng 동 응용하다, 활용하다

02 면접관님, 안녕하십니까 오늘 면접에 참석할 수 있어서 매우 영광입니다. 제 이름은 김현중이며 부산에서 왔습니다. 대학에서 공부하던 중, 교환학생으로 미국에 다녀온 적이 있고, 시금은 중국이 공부도 꾸준히 하고 있기 때문에 저는 영어뿐만 아니라 중국어에도 자신이 있습니다. 저는 저의 이런 충분한 언어 능력과 현장경험으로 귀사의 업무를 충분히 수행해 낼 수 있다고 생각합니다. 감사합니다.

各位面试官，你们好！非常荣幸能参加今天的面试，我的名字叫金贤重。我来自于釜山。读大学时，我去美国做过交换生，现在我正坚持不懈地学习中文，因此我对自己的英语和中文水平都很自信。我认为我拥有足够的语言能力和实践经验，能在贵公司做好这份工作。谢谢大家！

中文水平都很自信(○) → 中文能力都很有自信(△)

🔍 生词

参加 cānjiā 동 참가하다, 참여하다 ｜ 来自于 láizì yú ～에서 오다 ｜ 釜山 Fǔshān 명 (지명) 부산 ｜ 交换生 jiāohuànshēng 교환학생 ｜ 坚持不懈 jiānchí búxiè 성어 조금도 느슨해지지 않고 끝까지 견지하다 ｜ 水平 shuǐpíng 명 수준 ｜ 自信 zìxìn 명동 자신감 (있다) ｜ 认为 rènwéi 동 생각하다 ｜ 拥有 yōngyǒu 동 소유하다 ｜ 足够 zúgòu 형 충분하다 ｜ 实践 shíjiàn 명 실천, 실행 ｜ 实践经验 shíjiàn jīngyàn 현장경험

03 안녕하십니까! 제 이름은 김지연입니다. 저는 고등학교 때부터 중국문화에 관심을 가져왔습니다. 그래서 중문과를 선택하여 중국어와 중국문화를 공부했습니다. 무슨 이유인지 모르겠지만, 저는 중국어가 참 아름답게 들리고, 지금까지도 중국어 공부하는 것을 굉장히 좋아합니다. 이번에 이 직업에 지원하고 싶었던 것은 업무와 제 전공이 부합되는 것 외에, 귀사의 중국지사에서도 근무하고 싶기 때문입니다. 면접관님 감사합니다!

您好！我的名字叫金芝连。我从高中开始就对中国文化很感兴趣，所以选择上中文系学中文和中国文化。不知为什么我认为汉语很好听。到现在也一直非常喜欢学汉语。这次我想应聘这个职位除了专业对口以外，还因为我很想能够到贵公司的中国分公司工作。谢谢各位考官！

🔍 生词

中国文化 Zhōngguó wénhuà 중국문화 ｜ 感兴趣 gǎn xìngqù 관심이 있다, 흥미가 있다 ｜ 好听 hǎotīng 형 (소리가) 듣기 좋나 ｜ 一直 yizhí 부 계속, 줄곧 ｜ 应聘 yìngpìn 동 초빙에 응하다, 지원하다 ｜ 职位 zhíwèi 명 직위 ｜ 除了……以外 chú le……yǐwài ～을 제외하고 ｜ 专业 zhuānyè 명 전공 ｜ 对口 duìkǒu 형 부합하다 ｜ 分公司 fēngōngsī 명 (기업체의) 지점, 지사

오늘 이 자리에 올 수 있다는 것은, 저에게 굉장히 소중한 기회입니다. 제 이름은 김민지이며, 경희대학교 중국어학과를 졸업했습니다. 저는 어려서 아버지께서 직장을 옮기시면서 전학을 두 번 다녔지만, 친화력이 있고 대인관계에 능숙하기 때문에, 전학 첫날 새로운 친구를 집에 데리고 가서 놀았습니다. 게다가 오빠와 두 명 언니의 영향을 받아 다른 사람의 이야기를 잘 들어 줍니다. 만약 제가 귀사에 입사한다면, 동료뿐만 아니라 고객들과도 좋은 관계를 유지할 수 있습니다. 감사합니다!

今天能来到这个位置，对我来说是非常珍贵的机会。我叫金珉智，毕业于庆熙大学汉语言系。我小的时候，由于父亲换工作而我转学过两次。但是因为我具有亲和力、善于处理人际关系，所以转学的第一天，也能带新朋友去我家玩儿。而且受到一个哥哥和两个姐姐的影响，我善于倾听别人的意见。如果我能在贵公司工作，不仅能与同事，而且也能与顾客保持良好的关系。谢谢！

📖 生词

珍贵 zhēnguì 형 귀중하다 | 庆熙大学 Qìngxī dàxué 경희대학교 | 汉语言系 Hànyǔyánxì 중국어학과 | 由于 yóuyú 개 ~때문에 | 转学 zhuǎnxué 동 전학하다 | 具有 jùyǒu 동 지니다 | 亲和力 qīnhélì 명 친화력 | 善于 shànyú 동 ~를 잘하다, ~에 능숙하다 | 处理 chǔlǐ 동 처리하다, 해결하다 | 倾听 qīngtīng 동 경청하다 | 意见 yìjiàn 명 의견 | 不仅……而且 bùjǐn……érqiě 접 ~뿐만 아니라 게다가 | 保持 bǎochí 동 (지속적으로) 유지하다 | 良好 liánghǎo 형 좋다

여러분 안녕하세요! 제 이름은 이재옥입니다. 우리 가족은 2007년부터 중국에서 생활하기 시작해, 중국에서 고등학교와 대학교를 다녔습니다. 그 시간 동안, 저는 직접 중국의 여러 문화를 체험할 수 있어서 중국사회를 이해하며 많은 중국 친구들과 교제할 수 있었습니다. 제 전공은 중국어이기 때문에 낯선 사람과 교류하는 방법을 배웠고, 중국어 실력 역시 좋습니다. 이런 소중한 지식과 경험들이 저의 번역 업무에 큰 도움을 줄 수 있다고 믿습니다. 감사합니다.

大家好！我叫李载玉。我们一家人从2007年开始在中国生活，所以我在中国读了高中和大学。那段时间，我亲身体验过了中国的各种文化，所以我了解中国社会，并交了很多中国朋友。由于我的本科专业是中文，所以我掌握了跟陌生人交流的技巧，汉语水平也不错。我相信这些宝贵的知识和经历将对我的翻译工作有很大的帮助。谢谢！

读 dú 동 공부하다, 학교를 다니다 | 亲身体验 qīnshēn tǐyàn 몸소 체험하다 | 并 bìng 접 또, 또한 | 本科 běnkē 명
(대학교의) 학부 | 掌握 zhǎngwò 동 숙달하다 | 陌生人 mòshēngrén 명 낯선 사람 | 技巧 jìqiǎo 명 테크닉 | 宝贵
bǎoguì 형 귀중한 | 经历 jīnglì 명 경험, 경력 | 将 jiāng 부 장차, 곧 | 翻译 fānyì 동 번역하다

06 예전부터 '사람은 태어나면 서울에 보내고, 말은 태어나면 제주도에 보내야 한다'는 말이 있습니다. 이는 사람
은 각자 자신의 위치가 있다는 의미입니다. 저는 집안의 장녀로서, 어려서부터 장녀의 책임을 배우며 자랐습
니다. 또한 중국에서의 유학생활은 저에게 외국인의 생활방식을 이해하도록 해주었고, 이와 더불어 중국과 관
련된 기초지식을 쌓을 수 있게 해주었습니다. 이러한 경험들을 통해, 저는 제가 훌륭한 승무원이 될 수 있다
고 확신합니다.

古人说"人出生了就让他去首尔，马出生了就送到济州岛"。这句话的意
思是每个人都有自己的定位。我是家里的老大，我从小就学习如何承担起
长女的责任。而且在中国的留学生活使我了解了外国人的生活方式，同时
也积累了和中国有关的基础知识。通过我的这些经历，我相信我能成为一
名优秀的乘务员。

我从小就学习……长女的责任(○) → 我一直在学习……长女的责任(△)

古人 gǔrén 명 옛 사람 | 人出生了就让他去首尔，马出生了就送到济州岛 rén chūshēng le jiù ràng tā
qù Shǒu'ěr, mǎ chūshēng le jiù sòngdào Jìzhōudǎo 사람이 태어나면 서울에 보내고, 말이 태어나면 제주도에 보내
라는 말이 있다 | 定位 dìngwèi 명 정해진 자리, 확정된 위치 | 如何 rúhé 대 어떻게 | 承担 chéngdān 동 감당하다 | 长
女 zhǎngnǚ 명 장녀 | 责任 zérèn 명 책임 | 使 shǐ 동 (~에게) ~시키다, ~하게 하다 | 了解 liǎojiě 동 이해하다 | 方
式 fāngshì 명 방식, 방법 | 积累 jīlěi 동 (조금씩) 쌓이다, 축적되다 | 基础 jīchǔ 명 기초 | 通过 tōngguò 개 ~을 통해 |
优秀 yōuxiù 형 (품행이나 성적 등이) 우수하다 | 乘务员 chéngwùyuán 명 승무원

 중국 격언에 '느린 것을 두려워하지 말고, 멈추는 것을 두려워하라'는 말이 있습니다. 이는 느리게 배우는 것을 두려워 말고, 중도에 포기하는 것을 두려워하라는 의미입니다. 이 말은 언제나 저를 격려해 주었고, 끊임없이 공부하여 자신의 내실을 다지도록 하였으며, 제 꿈에 점점 가까이 다가갈 수 있게 해주었습니다. 저는 고등학교 시절, 중국문화의 매력에 빠져 중국어 공부를 시작하였습니다. 이후 끈질기게 공부하여 언어뿐만 아니라 중국의 경제, 사회, 문화 등 각 방면에 대해 더욱 깊이 있게 이해할 수 있었습니다. 이러한 점들이 중국에 관한 업무를 수행하는 데 있어 큰 도움이 될 것이라 믿습니다.

中国古话说"不怕慢，只怕站"。这是不怕学得慢、只怕半途而废的意思。这句话时刻激励着我，不断地学习充实自己，使梦想离自己越来越近。上高中的时候，我迷上了中国文化，于是开始学中文。后来通过坚持不懈地学习，除了语言以外对中国的经济、社会、文化等各个方面也都有了更深入的了解。我相信这些在做中国业务方面都会有很大帮助。

🔍 生词

古话 gǔhuà 명 옛 격언 | 不怕慢，只怕站 bú pà màn, zhǐ pà zhàn 늦게 가는 것을 두려워 말고, 멈추는 것을 두려워하라 | 不怕 bú pà 두려워 하지 않다 | 慢 màn 형 느리다 | 半途而废 bàntú' érfèi 성어 도중에 포기하다 | 时刻 shíkè 부 늘, 시시각각 | 激励 jīlì 동 격려하다 | 不断 búduàn 부 끊임없이 | 充实 chōngshí 동 강화하다 | 离 lí 개 ~에서, ~로부터 | 越来越 yuèláiyuè 더욱더, 점점 | 迷上 míshàng ~에 빠지다 | 坚持不懈 jiānchí búxiè 성어 조금도 느슨해지지 않고 끝까지 견지하다 | 经济 jīngjì 명 경제 | 方面 fāngmiàn 명 분야 | 深入 shēnrù 형 깊다, 철저하다 | 业务 yèwù 명 업무 | 帮助 bāngzhù 동 돕다

유형연습

各位 □□□□ ，你们好!

연습단어　　面试官　　　考官

□□□□ 好!

연습단어　　早上　　　中午　　　下午

면접 TIP

면접 마무리 감사인사

만나뵙게 되어 매우 영광입니다.
见到您非常荣幸。

이 자리에 오게 되어 매우 영광입니다.
非常荣幸能应聘这个职位。

오늘 면접 볼 기회를 주셔서 감사합니다.
感谢您今天能给我这个面试的机会。

면접에 참여하게 해주셔서 감사합니다. 실망시키지 않도록 하겠습니다.
非常感谢您能让我来参加面试，我不会让你们失望的。

잘 부탁 하겠습니다.
请多多关照！

🎤 면접현장 대화 Scene 1

자기소개 1

면접자 면접관님 안녕하십니까! 저는 수험번호 1123번 조영득입니다.

考官，您好！我叫曹荣得，准考证号码是1123。

면접관 조영득씨 안녕하세요. 오늘 기분이 어떠신가요?

曹先生，你好！今天你的心情怎么样？

면접자 오늘이 제 일생일대의 중요한 날이라 조금은 긴장되지만, 날씨가 좋아 기분도 좋습니다.

因为今天是我人生中最重要的日子，所以有点儿紧张。但是今天天气很好，我的心情也很好。

면접관 대학 졸업을 앞두고 계시네요. 올해 나이는 어떻게 되시나요?

你快要大学毕业了，今年多大了？

면접자 올해 30살입니다. 군대와 휴학으로 인해 대학 졸업이 조금 늦어졌습니다. 휴학기간에는 중국으로 어학연수를 다녀왔습니다.

我今年30岁了。由于服兵役和休学，大学毕业有点儿晚了。在休学期间我去中国学过汉语。

면접관 그래요? 그럼 간단하게 자기소개를 해보시겠어요?

是吗？那你简单地介绍一下自己吧。

면접자 네. 저는 현재 서울대학교 무역학과 학생이며, 올해 2월 졸업합니다. 4년간의 대학생활을 통해, 저는 무역지식뿐만 아니라 중국어도 배워서 현재 중국인과의 의사소통에는 거의 문제가 없습니다. 이러한 점들이 향후 제가 업무를 수행할 때 분명 노움이 될 것이라 생각합니다.

好的。我现在是首尔大学贸易系的学生，今年2月份毕业。四年的大学生活不仅让我学到了贸易知识，还学到了汉语，所以现在跟中国人交流沟通几乎没问题。我觉得这些对我以后的工作会有很大的帮助。

면접현장 대화 Scene 2

자기소개 2

면접자 면접관님 안녕하십니까! 저는 수험번호 1019번 강용상입니다.

考官，您好！我叫康镕祥，准考证号码是1019。

면접관 강용상씨 안녕하세요. 만나서 반갑습니다.

康先生，你好！见到你很高兴。

면접자 저도 만나뵙게 되어 매우 영광입니다. 오늘 면접에 참가할 수 있는 기회를 주셔서 감사합니다.

我也非常荣幸。谢谢您今天能给我面试的机会。

면접관 집이 대전이군요? 멀리서 왔네요. 여기까지 얼마나 걸렸나요?

你家在大田？你从很远的地方来了。从你家到这儿要多长时间呢？

면접자 KTX를 타고 1시간 걸렸습니다.

大概用了一个小时，我是坐KTX来的。

면접관 여기까지 오느라 수고 많았어요. 그럼 간단하게 자기소개부터 해보세요.

你很辛苦了，那你简单地介绍一下自己吧。

면접자 저는 한양대학교 경제학과를 졸업하였습니다. 대학에서 공부하던 중, 교환학생으로 미국에 다녀온 적이 있고, 지금은 중국어 공부도 열심히 하고 있기 때문에 영어뿐만 아니라 중국어에도 자신이 있습니다. 저는 저의 이런 언어능력과 현장경험으로 귀사의 업무를 충분히 수행해 낼 수 있다고 생각합니다. 감사합니다.

我是汉阳大学经济系毕业的。读大学的时候，我去美国做过交换生，现在我正坚持不懈地学习中文，因此我对自己的英语和中文水平都很自信。我认为我拥有足够的语言能力和实践经验，能在贵公司做好这份工作。谢谢！

개인신상
个人信息

돌다리 질문 1- 1 　아버지(부모님) 직업이 무엇입니까?

돌다리 질문 1- 2 　가훈은 무엇입니까?

돌다리 질문 1- 3 　외동이신가요?

돌다리 질문 2- 1 　여자친구(남자친구)가 있습니까?

돌다리 질문 2- 2 　자신만의 스트레스 해소법은?

돌다리 질문 3- 1 　당신의 주량은 얼마나 됩니까?

돌다리 질문 3- 2 　자신의 외모에 만족합니까?

돌다리 질문 3- 3 　자신의 외모 중 자신 없는 부분을 말해보세요.

돌다리 질문 4- 1 　당신은 리더십이 있다고 생각하십니까?

돌다리 질문 4- 2 　자신이 존경하는 사람을 말해보세요.

1 아버지(부모님) 직업이 무엇입니까?

你父亲是做什么工作的?
你父母是做什么工作的?

▶ 꼭! 알아두기   **做什么工作?** 무슨 일을 합니까? ※ 직업을 물을 때 사용하는 질문

---

01 저희 아버지는 회사원이시고, 어머니는 가정주부이십니다.

我爸爸是公司职员，妈妈是家庭主妇。

---

02 저희 아버지와 어머니는 함께 장사를 하십니다.

我的爸爸和妈妈一起做生意。

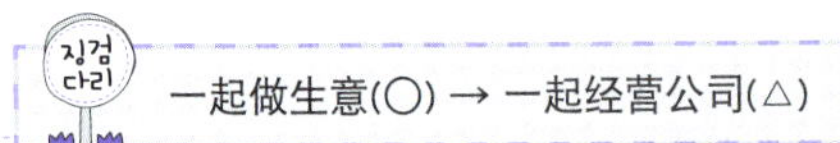

---

03 저희 아버지는 공장에서 근무하십니다.

我父亲是工人。

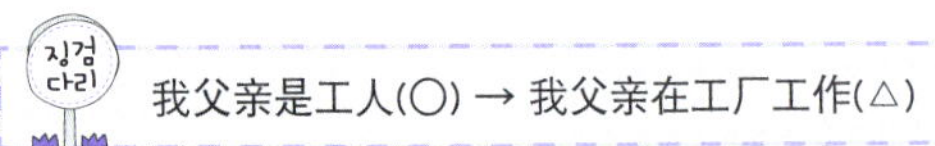

04 아버지는 경찰국장으로 퇴직하셨습니다.

我爸爸退休前是警察局局长。

📖 生词

公司 gōngsī 명 회사 | 职员 zhíyuán 명 직원 | 家庭 jiātíng 명 가정 | 主妇 zhǔfù 명 주부 | 做生意 zuò shēngyi 장사를 하다 | 退休 tuìxiū 동 퇴직하다 | 警察局 jǐngchájú 명 경찰서 | 局长 júzhǎng 명 (관공서 등의) 국장

 **가훈은 무엇입니까?**

你家有家训吗?
你家的家训是什么?

▶ 꼭! 알아두기　　家训 가훈

01 '약속을 꼭 지켜라'입니다. 이것이 저희 집안의 가훈(좌우명)입니다.

"遵守诺言"。这是我们家的家训。

02 저희 집은 '모든 일에 노력하자'를 가훈으로 삼았습니다.

我们家把"努力做好每件事情"作为家训。

03 '자신의 일은 스스로 하자'입니다. 선생님이신 아버지께서는 저희가 어릴 때부터 독립하는 성격을 가르쳐 주셨습니다. 그래서 저는 항상 모든 일을 끝까지 마무리하기 위해 노력합니다.

"自己的事情要自己做"。我爸爸是一名老师，从小他就培养我们独立自主的性格。所以我坚持不懈地努力完成每件事。

培养我们独立自主的性格(○) → 培养我们的独立性(△)

04 가훈은 없습니다. 하지만 어려서부터 어머니께서는 저에게 아무리 사소한 일이라도 거짓말을 하지 못하게 엄격하셨습니다.

没有。但是从小妈妈就对我要求严格，再小的事也不能说谎。

生词

家训 jiāxùn 명 가훈 | 遵守 zūnshǒu 동 준수하다 | 诺言 nuòyán 명 약속, 언약 | 把 bǎ 개 ~을, ~를 | 作为 zuòwéi 동 ~로 여기다, ~로 삼다 | 从小 cóngxiǎo 부 어려서부터 | 培养 péiyǎng 동 양성하다, 기르다 | 独立自主 dúlì zìzhǔ 성어 (국가·민족·정당 등이) 독립된 주권을 행사하다 | 坚持不懈 jiānchí búxiè 성어 끝까지 견지하다 | 要求 yāoqiú 명동 요구(하다) | 严格 yángé 형 엄격하다 | 说谎 shuōhuǎng 동 거짓말하다

면접 TIP

답변은 짧고 굵게 하자!

아무리 말을 잘해도 너무 긴 답변은 면접관을 지루하게 만든다. 답변할 때는 면접관이 자신에게 집중하도록 하는 것이 제일 중요하다. 따라서 아무리 할 이야기가 많아도 답변이 1분을 넘어가지 않도록 주의하자!

3 외동이신가요?

家里只有你一个孩子吗?
你有兄弟姐妹吗?

▶ **꼭! 알아두기** 只有…… ~만 있다, ~밖에 없다

01 네, 저는 집안의 장남이자 막내입니다. 어릴 적부터, 저는 형제들이 있는 친구들이 부러웠습니다. 하지만 저의 부모님께서는 저를 형제, 자매처럼 잘 돌봐주시고 응원했습니다.

是，我是家里的老大也是老小。从小我就很羡慕有兄弟姐妹的朋友。但是我爸妈就像我的哥哥姐姐一样一直照顾我。

02 네, 그렇습니다. 하지만 저에게는 많은 사촌언니, 오빠들이 있고, 어려서부터 그들과 함께 자랐기 때문에 제가 외동이라는 사실을 그다지 느끼지 못하고 자랐습니다.

是的，但是我有很多表哥表姐，从小我就跟他们一起长大，所以我并不觉得我没有兄弟姐妹。

03 그렇습니다, 외동입니다. 이 때문에 부모님께서는 저를 걱정스러워 하셔서, 저는 중학교 때부터 여러 가지 활동에 참여하였습니다. 이런 경험들을 통해, 어떻게 낯선 사람들과 함께 생활하고 친구가 되는지를 자연스럽게 배울 수 있었습니다.

对，我家里只有我一个孩子，为此我父母很担心我，所以我从初中开始就参加了好多社会小组活动。通过这些经历，我自然而然地学习到了怎么跟陌生人一起生活，交朋友。

🔍 生词

兄弟姐妹 xiōngdì jiěmèi 형제자매 | 老大 lǎodà 명 (형제나 자매의) 맏이 | 老小 lǎoxiǎo 명 막내 | 羡慕 xiànmù 동 부러워하다 | 照顾 zhàogù 동 보살피다, 돌보다 | 长大 zhǎngdà 동 성장하다, 자라다, 크다 | 为此 wèicǐ 접 이 때문에 | 担心 dānxīn 동 염려하다, 걱정하다 | 初中 chūzhōng 중학교 | 小组 xiǎozǔ 명 서클, 동아리 | 自然而然 zìrán'érrán 성어 자연히, 저절로 | 怎么 zěnme 대 어떻게 | 陌生人 mòshēngrén 명 낯선 사람

면접 TIP

면접관의 호감을 얻자!

질문에 답변할 때에는 자연스럽게 미소를 띠거나 밝고 활기찬 목소리로 면접관의 시선을 자신에게 가져와야 한다. 하지만 면접관에게 호감을 얻고자 지나치게 어필하거나 과도한 표정과 부자연스러운 제스처를 취한다면 오히려 더 마이너스가 될 수 있다는 사실!

1 여자친구(남자친구)가 있습니까?

你现在有女朋友吗?
你现在有男朋友吗?
你有对象吗?

▶ 꼭! 알아두기   对象 (연애, 결혼의) 상대

01 현재는 없습니다. 하지만 회사에 취업하고 나면 여자친구를 소개받고 싶습니다.

现在还没有。但是希望上班后有人给我介绍女朋友。

02 아직은 없지만, 좋아하는 사람이 있습니다. 취업을 하고 나서, 그녀에게 고백할 예정입니다.

没有，可我有喜欢的人。我准备在找到工作后向她表白。

03 있습니다. 저희는 3년간 교제했으며, 여자친구는 초등학교 선생님입니다. 제가 취직을 하고 나면 결혼할 생각입니다.

有。我们已经交往三年了。她是小学老师。我准备找到工作后跟她结婚。

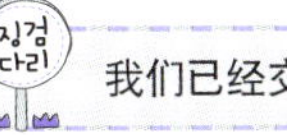

04 저희는 얼마 전에 헤어졌습니다. 서로가 미래에 대해 다른 생각을 가지고 있었기 때문에, 각자의 길을 가게 되었습니다.

我们不久前分手了。我们俩对未来的看法没有达成共识，所以分手了。

🔍 **生词**

向 xiàng 개 ~을 향하여 ┃ 表白 biǎobái 동 (자신의 마음을) 표현하다 ┃ 交往 jiāowǎng 동 교제하다, 왕래하다 ┃ 不久 bùjiǔ 형 오래되지 않다 ┃ 分手 fēnshǒu 동 이별하다 ┃ 看法 kànfǎ 명 견해 ┃ 达成共识 dáchéng gòngshí 공통된 인식(생각)을 갖다

돌다리 모범답안

2 자신만의 스트레스 해소법은?

你是怎么解压的?
你怎么解除压力?

▶ 꼭! 알아두기 解压，解除压力 스트레스를 해소하다
※ 어떻게 질문을 할지 모르니 모두 다 익혀두자!

01 저는 노래를 불러서 스트레스를 해소합니다. 큰소리로 노래할수록 기분이 더 좋아집니다.

我通过唱歌缓解压力。越大声唱越痛快。

---

02 저는 음악을 들으며 스트레스를 해소합니다. 음악을 들으면서 노래를 따라 부르면, 걱정이 싹 사라집니다.

我用听音乐的方式来解压。一边听音乐一边跟着唱，烦恼一下子就没了。

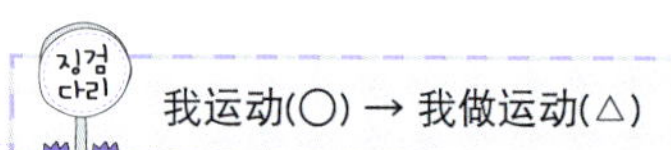

03 저는 운동을 합니다. 운동을 통해 스트레스도 풀고, 다이어트도 할 수 있습니다.

我运动。通过运动能很好地解压，还能减肥。

집검다리 我运动(○) → 我做运动(△)

04 저는 잠을 자며 스트레스를 해소합니다. 잠만 자면 모든 고민을 잊을 수 있습니다.

我通过睡觉来发泄。只要一睡觉，所有烦恼就都能忘记。

---

05 스트레스가 쌓일 때, 저는 푸짐하게 먹습니다. 배부르게 먹은 후에는 기분이 자연스레 좋아집니다.

压力大的时候，我会去大吃一顿，吃饱之后心情就会自然而然地好起来了。

解压 jiěyā 압축 풀기 → 여기에서는 '스트레스를 풀다'의 의미로 쓰임 | 解除 jiěchú 동 제거하다, 해소하다 | 缓解 huǎnjiě 동 (정도가) 완화되다 | 压力 yālì 명 (주로 정신적) 스트레스, 과중한 부담 | 痛快 tòngkuài 형 즐겁다, 기분 좋다 | 烦恼 fánnǎo 형 번뇌하다, 걱정하다 | 减肥 jiǎnféi 동 살을 빼다 | 发泄 fāxiè 동 (불만 등을) 쏟아내다, 발산하다 | 只要……就…… zhǐyào……jiù…… 접 ~하기만 하면 ~하다 | 忘记 wàngjì 동 (지난 일을) 잊어버리다 | 心情 xīnqíng 명 기분, 감정

유형연습

☐☐☐☐ 大家很信心，困难一下子就克服了。

연습단어　　　只要　　　　只有　　　　只能

1 당신의 주량은 얼마나 됩니까?

你的酒量怎么样?
你能喝酒吗?

 꼭! 알아두기

怎么样 어떻습니까
※ 사람과 사물에 모두 사용 가능하며 상태, 성질, 상대방의 의향 등을 물을 때 사용

01 적당히 마실 수 있습니다. 보통 소주 1병 정도 마실 수 있습니다.

还可以。一般情况下,可以喝一瓶烧酒。

02 괜찮은 편입니다. 저는 술을 마실 때의 분위기를 좋아합니다. 술을 마시면 속마음을 이야기하기 때문에, 상대방을 더욱 이해할 수 있다고 생각합니다. 하지만 술에 취하지 않기 위해 머리가 어지러우면 더 이상 마시지 않습니다.

还行。我喜欢喝酒的那种气氛。因为酒后吐真言,所以我认为能更加了解对方。不过为了不喝醉,我一感到头晕就会适可而止了。

03 잘 마시지는 못 합니다. 맥주 한 잔만 마셔도 얼굴이 붉어집니다.

不太会喝。喝一杯啤酒就会脸红。

04 못 마십니다. 술을 마시지는 않지만 분위기를 깨지 않고 사람들과 재미있게 놀 수 있습니다.

我不会喝酒,虽然我不喝酒,但我不会影响气氛,会和喝酒的人一起玩儿得很开心。

一般 yìbān 형 일반적이다 ｜ 瓶 píng 양 병 ｜ 烧酒 shāojiǔ 명 소주 ｜ 气氛 qìfēn 명 분위기 ｜ 酒后吐真言 jiǔ hòu tǔ zhēnyán 술을 마시면 속마음을 이야기한다 ｜ 喝醉 hēzuì 동 (술에) 취하다 ｜ 一……就…… yī……jiù…… ~하자마자 곧 ~하다 ｜ 感到 gǎndào 동 느끼다, 여기다 ｜ 头晕 tóuyūn 동 머리가 어지럽다 ｜ 适可而止 shìkě érzhǐ 성어 적당한 정도에서 그치다(그만두다) ｜ 啤酒 píjiǔ 명 맥주 ｜ 脸红 liǎnhóng 동 얼굴이 빨개지다 ｜ 虽然……但 suīrán……dàn 접 비록 ~하지만, 설령 ~일지라도 ｜ 影响 yǐngxiǎng 동 영향을 주다 ｜ 玩儿 wánr 동 놀다, 장난하다 ｜ 开心 kāixīn 형 즐겁다, 기쁘다

유형연습

这孩子一有时间，就 ☐ 。

연습단어　　　上网　　　运动　　　看电影　　　学中文

② 자신의 외모에 만족합니까?

你对自己的外表满意吗?
你认为你自己长得怎么样?

▶ 꼭 알아두기　对……满意 ~에 대해서 만족하다

01 제 외모에 만족하는 편입니다. 저는 스스로에게 만족하는 것이 중요하다고 생각합니다.

我对自己的外貌很满意。我认为对自己满意很重要。

02 저는 제 외모를 좋아합니다. 많은 사람들이 제가 신뢰감을 생기게 하는 외모라고 이야기하기 때문입니다.

我喜欢我的外貌。因为大家说我的外貌容易使人产生信任感。

03 저는 제 외모에 비교적 만족합니다. 키는 조금 작지만 매우 귀엽게 생겼습니다.

我对我的外表比较满意。虽然个头有点儿小，但长得很可爱。

04 저는 외모가 비록 재미있게 생겼지만, 이것이 오히려 저의 장점입니다. 처음 보는 사람들도 저에게 거리감이 없기 때문입니다.

我外表虽然有点儿搞笑，但这却是我的优点，因为第一次见面也不会有距离感。

05 저는 제 외모에 만족하지는 않습니다. 하지만 부드러운 제 목소리에 굉장히 만족합니다.

我对自己的外表不满意。但是我对自己温柔的声音特别满意。

我对自己的外表不满意(〇) → 我不满意自己的外表(△)

外表 wàibiǎo 몡 겉모습, 외모 | 外貌 wàimào 몡 외모, 용모 | 使 shǐ 동 (~에게) ~시키다, ~하게하다 | 信任感 xìnrèn gǎn 신뢰감 | 个头 gètóu 몡 (구어체) 키, 몸집 등을 나타냄 | 搞笑 gǎoxiào 동 웃기다 | 却 què 부 ~지만, 하지만(可, 倒 와 비슷한 뜻으로 역접의 의미) | 优点 yōudiǎn 몡 장점 | 距离感 jùlígǎn 거리감 | 温柔 wēnróu 형 부드럽고 상냥하다

유형연습

我对自己的 ☐☐☐☐☐☐ 很满意。

연습단어　　身材　　　风格　　　长相　　　形象

身材 shēncái 몡 몸매, 체격 | 风格 fēnggé 몡 스타일 |
形象 xíngxiàng 몡 인상, 이미지

3 자신의 외모 중 자신 없는 부분을 말해보세요.

请说一下对自己外表不满意的地方。
您对自己的外表不满意吗?

▶ 꼭! 알아두기   对……不满意 ~에 대해서 만족하지 못하다

01 예전에 저는 제 눈주름을 좋아하지 않았습니다. 하지만 친구들이 이 특징 때문에 제가 웃을 때 연예인 이효리 같다고 해서 지금은 제 눈주름을 굉장히 만족합니다.

我以前不喜欢我的鱼尾纹。但朋友们说因为这个特点，我笑起来的时候特别像韩国演员李孝利。所以我现在非常喜欢我的鱼尾纹。

02 저는 어렸을 때부터 키가 남들보다 머리 하나는 더 컸습니다. 그래서 남들과 다르다고 생각했고 열등감도 생겼습니다. 하지만 나이가 들면서 오히려 사람들이 저의 큰 키를 부러워하기 시작해 지금은 매우 만족스럽습니다.

从小我的个子就比别人高出一个头，所以感觉自己与别人不一样，也有自卑感。可长大后别人却渐渐开始羡慕我的个子，所以现在我很满意。

03 없습니다. 굉장히 만족합니다.

我没有。我很满意。

🔍 **生词**

鱼尾纹 yúwěiwén 몡 눈주름 | 特点 tèdiǎn 몡 특색, 특징 | 像 xiàng 동 같다, ~와 같다, 비슷하다 | 李孝利 Lǐ Xiàolì 인명 이효리 | 自卑感 zìbēigǎn 몡 열등감 | 长大 zhǎngdà 동 성장하다, 크다 | 渐渐 jiànjiàn 부 점점 | 羡慕 xiànmù 동 부러워하다

1 당신은 리더십이 있다고 생각하십니까?

你认为自己具备领导能力吗?
你做过团队的带头人吗?

▶ 꼭! 알아두기 领导能力 리더십 / 带头人 리더

01 저는 고등학교 3년간 줄곧 반장을 도맡았습니다. 3년간의 반장 경험을 통해 팀을 어떻게 이끌고 관리해야 하는지 배울 수 있었습니다.

我高中三年一直担任班长职务，通过三年当班长的经历，我学会了如何去领导和管理一个团队。

02 제게 리더십이 있다고 생각합니다. 저는 외향적인 성격에 사교성이 뛰어난 편입니다. 친구들 사이에 의견 충돌이 있을 경우, 제가 나서서 문제를 해결하도록 돕고 있습니다.

我认为我有。我性格外向，而且有很强的交际能力。朋友之间有分歧的时候我会很好地帮助他们解决矛盾。

03 저는 리더십이 있는 타입은 아닙니다. 하지만 성격이 원만하여 다른 사람들과 잘 어울릴 수 있고 모두가 일치단결하여 임무를 끝낼 수 있도록 적극적으로 협조할 수 있습니다.

我虽然不具备领导能力，但是我随和的性格能让我很好地和大家融合在一起，也能够积极协助大家同心协力完成任务。

生词

具备 jùbèi 동 갖추다, 구비하다 | 领导 lǐngdǎo 명 리더 동 지도하다, 이끌고 나가다 | 高中 gāozhōng 고등학교 | 担任 dānrèn 동 맡다, 담당하다 | 如何 rúhé 대 어떻게 | 管理 guǎnlǐ 동 어떤 일을 맡아서 관리하다 | 外向 wàixiàng 형 (성격이) 외향적이다 | 交际能力 jiāojì nénglì 사교능력 | 分歧 fēnqí 형 (의견 등이) 불일치하다 | 解决 jiějué 동 해결하다, 없애다 | 矛盾 máodùn 형 모순적이다 | 随和 suíhe 형 (남과) 사이좋게 지내다 | 融合 rónghé 동 융합하다 | 积极 jījí 형 적극적이다, 열성적이다 | 协助 xiézhù 동 협조하다, 협력하고 원조하다 | 同心协力 tóngxīn xiélì 성어 일치단결하다 | 任务 rènwu 명 임무

유형연습

上学时，我担任 ______ 。

연습단어　　学校学生会的会长　　　我们班的班长　　　留学生晚会主席

主席 zhǔxí 명 의장, 주석

2 자신이 존경하는 사람을 말해보세요.

请说一下你尊敬的人。
请说一下你喜欢的人。

▶ 꼭! 알아두기　请说一下…… ~를 말해 보십시오.
尊敬 존경하다 ※ 喜欢 '좋아하다'는 의미로 답변을 해도 가능

01 제가 가장 존경하는 사람은 아버지입니다. 지난 30여 년간 아버지께서는 하루도 편히 쉬신 적이 없습니다. 어렸을 때에는 아버지께서 왜 그렇게 열심히 일하시는지 모르고 그냥 일을 좋아하시는 줄로만 알았습니다. 나중에야 아버지께서는 가족의 행복을 위해서 쉬지 않고 열심히 일하셨다는 것을 알게 되었습니다.

对我来说，最尊敬的人是我爸爸。过去的30多年里，我爸爸一天也没有休息过。小的时候我不知道爸爸为什么这样努力工作，我只是以为他喜欢工作。后来我慢慢地了解到，他是为了家人的幸福才不休息，努力工作。

02 작년 봉사활동을 통해 저는 강대장님을 만나게 되었습니다. 그는 장애인이지만 자발적으로 봉사활동을 조직하고, 열심히 다양한 자선활동을 하고 계십니다. 그분의 생활방식은 제가 세상을 바라보는 시각을 바꾸어 주었습니다. 지금 저는 그분처럼 타인을 위해 제가 할 수 있는 작은 일을 하기 위해 노력하고 있습니다. 그는 제 인생에 있어서 가장 존경하는 분입니다.

通过去年的志愿者活动，我认识了姜队长。虽然他是一个残疾人，但是他主动组织志愿者活动，很认真地参与各种慈善活动。他的生活方式改变了我对世界的看法。我现在像他一样努力为其他人做我能做到的小事。他就是我人生中最尊敬的一个人。

很认真地参与各种慈善活动(○) → 很认真地进行各种慈善活动(△)

03 저는 법륜스님을 가장 존경합니다. 스님의 책은 저에게 인생의 도리와 인생의 참뜻을 알려주십니다. 대학 4학년 시절, 제 눈앞은 깜깜하였습니다. 하지만 스님께서 쓰신 몇 권의 책을 읽고 제 스스로를 돌아볼 수 있었고, 생각을 정리하며 제 삶에 대한 태도를 확신하게 되었습니다. 저는 그분을 정말 존경합니다. 저뿐만 아니라, 좌절에 빠진 많은 젊은이가 스님의 책을 통해 자신감을 되찾았고 앞으로 나아갈 수 있었습니다.

我最尊敬的人是法轮大师。他的书告诉我人生的道理，人生的真谛等等。大四的时候，我眼前一片迷茫。不过读完他写的几本书以后，我回过头看自己，梳理了一下，确定了我对人生的态度。我很尊敬他。除了我以外，很多遇到挫折的年轻人都通过他的书找回了信心，然后继续前进。

我最尊敬的人是法轮大师(〇) → 我最尊敬的人是法轮师傅(△)

04 저는 유재석을 가장 좋아합니다. 그는 한국에서 가장 사랑받는 사회자입니다. 그는 10년간 갖은 노력으로 마침내 한국 최고의 남자 MC라는 타이틀을 가지게 되었습니다. 지금도 자신의 위치를 지키기 위해 끊임없이 스스로를 단련하고 있습니다. 저는 그의 삶을 통해 '하늘은 스스로 돕는 자를 돕는다'는 이치를 배우게 되었습니다. 그는 제 삶에 있어 큰 스승입니다.

我最喜欢柳在锡。他是韩国最受欢迎的主持人。他通过10年的努力，终于得到了韩国最佳男主持人的称号。现在为了稳固自己的位置，他坚持不懈地锻炼自己。我通过他的人生道路，我学到了"功夫不负有心人"的道理。他是我人生中的一大老师。

生词

尊敬 zūnjìng 동 존경하다 | 过去 guòqù 명 과거 | 以为 yǐwéi 동 여기다, 생각하다(주로 '~라고 여겼는데 아니다'라는 부정적인 의미 내포) | 了解 liǎojiě 동 이해하다 | 幸福 xìngfú 명형 행복(하다) | 志愿者 zhìyuànzhě 명 지원자 | 队长 duìzhǎng 명 팀장, 주장, 리더 | 残疾人 cánjírén 명 장애인 | 主动 zhǔdòng 형 주동적인, 자발적인 | 组织 zǔzhī 동 조직하다, 구성하다 | 参与 cānyù 동 참여하다, 참가하다 | 慈善 císhàn 형 자선을 베풀다 | 人生 rénshēng 명 인생 | 法轮大师 Fǎlún dàshī 인명 법륜(法輪)스님 | 道理 dàolǐ 명 도리, 이치 | 真谛 zhēndì 명 참뜻, 정확한 도리 | 眼前 yǎnqián 명 (시각적인) 눈앞, 현재 | 迷茫 mímáng 형 아득하게 펼쳐져 있다 | 回过头 huíguò tóu 뒤를(과거를) 돌아보다 | 梳理 shūlǐ 동 (명확하게) 분석하다, 분류하다 | 确定 quèdìng 동 확정적이다 | 遇到 yùdào 동 만나다, 부딪치다 | 挫折 cuòzhé 명 좌절, 실패 | 年轻人 niánqīngrén 명 젊은 사람, 젊은이 | 找回 zhǎohuí 동 되찾다, 회복하다 | 继续 jìxù 동 계속하다 | 柳在锡 Liǔ Zàixī 인명 유재석 | 受 shòu 동 받다 | 欢迎 huānyíng 동 환영하다 | 主持人 zhǔchírén 명 사회자, MC | 终于 zhōngyú 부 마침내, 결국 | 得到 dédào 동 얻다, 획득하다 | 最佳 zuìjiā 형 최선의, 가장 뛰어난 | 称号 chēnghào 명 (주로 영광스런) 호칭 | 稳固 wěngù 동 안전시키다 | 锻炼 duànliàn 동 단련하다 | 道路 dàolù 명 경로, 길 | 功夫不负有心人 gōngfu bú fù yǒu xīnrén 하늘은 스스로 돕는 자를 돕는다

중국어 특기로 나의 마이너스(-)를 플러스(+)로!
작은 키, 많은 나이로 승무원 되기!

이 부족한 조건으로 제가 승무원을 준비한다고 했을 때, 주위의 반응은 '과연 네가?, 그 나이에 가능하겠니?'라는 이야기들뿐, 다른 어떠한 격려도 없었습니다. 어느 면접장에서든 가장 작은 키, 가장 많은 나이에 심지어 남들보다 몇 년은 늦게 시작한 승무원 준비였지만, 꼭 하늘을 날아보고 싶다는 제 꿈에 대한 열정은 그 어떤 악조건도 막을 수 없었습니다.

Why? 사람은 꼭 자신의 영혼을 뛰게 하는 직업을 가져야 하니깐 말이죠!
그럼 이제부터 그 비법을 알아볼까요?

01 나만의 특기로 살릴 수 있는 중국어 면접을 열심히 준비하자!

저의 특기인 중국어가 더욱 빛을 발할 수 있고, 중국어를 전문적으로 사용하며 일을 해야하는 중국항공사를 목표로 잡아 열심히 꼼꼼하게 면접 준비를 하였습니다.

★ 처음부터 반드시 한 번이라도 면접이 주어진다는 생각을 잊으면 안 돼요!!

02 어떤 제한 없이 무한으로 나에게 정보를 줄 수 있는 인터넷을 활용하자!

지원하고자 하는 중국항공사와 관련된 정보를 한국 사이트와 중국 사이트에서 번갈아 찾아보며 회사에 대한 기초 공부를 열심히 해두었습니다.

★ 꼭 한국어와 중국어 모두를 번갈아 연습하며 회사 정보를 공부해야 합니다.

03 남들과 차별화된 자기소개를 준비하자!

중국어 기내방송문을 유투브를 통해 찾아보고 중국 승무원의 목소리를 녹음해서 항상 따라 읽으며, 자기소개할 때 면접관이 마치 중국 승무원이라는 느낌을 받을 수 있을 만큼 연습했습니다.

04 주어진 면접기회는 후회하지 않을 만큼 최선을 다하자!

마침내 들어가게 된 면접상! 항공사 면접이라는 것에 포인트를 두어, "신사숙녀 여러분!"이라는 중국어 멘트로 시작했던 저의 중국어 인사는 단숨에, 세 분의 면접관님 시선을 사로잡을 수 있었습니다. 그리고 그동안 준비해두었던 중국어 답변들로 멋지고 당당하게 답변을 마쳤고, 결국 최악의 조건에도 두 항공사의 동시합격이라는 좋은 소식을 들을 수 있었답니다!

자! 여러분! 지금부터는 자신의 부족한 점을 찾지 마시고, 가장 잘 준비할 수 있는 것에 집중하여 자신의 꿈에 날개를 달기 바랍니다! 응원하겠습니다!

통번역 전문가들과의 경쟁에서도 승리할 수 있는 면접 비법!

중국이라는 한우물을 파온지도 어언 10년! 석사 졸업 후 항상 전공을 100% 살릴 수 있는 직장에 목이 말라 있었습니다. '석사 학위를 가진 나이 서른의 여자' 소위 말하는 좋은 직장에 재취업하기엔 최악의 조건이었죠. 하지만 저는 좌절하지 않았습니다! 저에겐 '중국어'라는 무기가 있었으니까요!

중문과 학사 졸업 그리고 국제학대학원 중국학과 석사 졸업이 제안하는 면접 비법!

01 찔러보기 식의 지원은 금물! 전공과 조금이라도 관련된 곳으로 집중 공략

지원하는 업무의 특성상, 경쟁자는 보통 중문과 학생, 통번역대학원 출신들이었기 때문에 틈틈이 중국어 공부를 게을리하지 않았습니다.
만약 농업분야의 기관에 지원서를 낸다면, 일단 중국 농업에 관한 지식을 중국어로 공부했습니다.

02 지독한 연습을 통한 철저한 사전 준비!

언제 기회가 올지 모르는 면접에 대비하기 위해서 남는 시간을 쪼개 나름대로 면접 예상질문과 나만의 답변을 만들고, 누군가 뒤통수를 치면 입에서 답변이 우수수 떨어지도록 연습 또 연습, 반복적인 연습에 돌입했습니다.

03 경쟁자 분석을 통한 나만의 차별성 찾기!

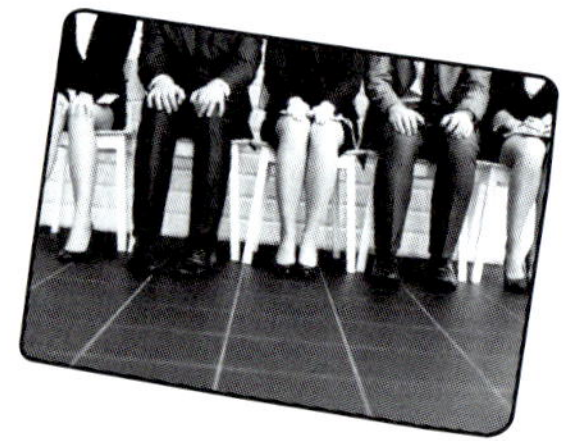

면접장에 들어서자, 한국인처럼 한국말 하는 중국인, 통번역 대학원 출신, 중국에서 살다 오신 분 등 중국인은 아니지만 중국인 같은 그분들과는 차별화되면서 저만의 경쟁력을 어필하기 위해 그간 준비해온 주옥같은 멘트를 활용해서 아나운서가 말하는 듯한 신뢰감을 줄 수 있도록 답변하는 데 주력했습니다.

면접장에서 마지막으로 하고 나온 말이 생각나네요. "통번역대학원을 졸업한 학생들보다 기술적인 면에서 제가 더 떨어질지도 모릅니다. 하지만 10년 넘게 중국어를 공부하고 업무에 적용해온 저의 내공 또한 그에 못지않다고 자부합니다!" 기회는 준비된 자에게 찾아온다는 말, 여러분도 잘 아시죠? 자신만이 가지고 있는 특색이 무엇인지 찾아, 항상 자부심을 가지고 면접을 준비한다면 반드시 합격할 수 있다는 사실을 잊지 마세요!

성격 및 인생관
性格及人生观

돌다리 질문 1- **1**   당신은 친구가 많이 있습니까?

돌다리 질문 1- **2**   당신은 사람들과 잘 어울리는 편입니까?

돌다리 질문 1- **3**   당신의 친구들은 당신을 어떻게 평가합니까?

돌다리 질문 2- **1**   자신의 성격에 있어 장단점을 말해 보세요.

돌다리 질문 2- **2**   성격상 단점을 극복하기 위해 어떤 노력을 합니까?

돌다리 질문 2- **3**   살아오면서 가장 어려웠던 시기는 언제입니까,
그것을 어떻게 이겨냈습니까?

돌다리 질문 2- **4**   당신의 인생관(좌우명)은 무엇입니까?

돌다리 질문 3- **1**   만약 내일 지구가 멸망한다면, 오늘 무엇을 하겠습니까?

돌다리 질문 3- **2**   당신이 가장 좋아하는 단어는 무엇입니까?

1 당신은 친구가 많이 있습니까?

你的朋友多吗?

你有很多朋友吗?

▶ 꼭! 알아두기 **你有……吗** 당신은 ~이 있습니까

---

01 저는 서로를 잘 아는 진정한 친구가 몇 명 있습니다. 그 친구들은 제가 곤경에 처했을 때 조금도 망설이지 않고 도와 줄 것입니다.

我有几位真正的知心朋友， 他们会在我遇到困境时毫不犹豫地出手相助。

---

02 저는 친구가 비교적 많습니다. 이는 저의 밝고 명랑한 성격과 관련있으며, 어쨌든 인간관계가 좋은 편입니다.

我朋友比较多， 这和我开朗的性格有关，总之我人际关系不错。

---

03 저는 좋은 친구가 많이 있습니다. 그렇게 모두 함께 있으면 항상 화제가 끊이지 않고, 서로 어떠한 고민도 털어놓을 수 있는 진실한 친구들입니다.

我有很多好朋友， 是那种大家在一起总有聊不完的话题、可以互相倾诉的真心朋友。

---

04 저는 친구가 많지 않지만, 제 친구들은 제가 가장 도움이 필요할 때 손을 내밀어 줄 수 있습니다. 이것이야 말로 진정한 친구이며, 저는 친구가 많은 것을 바라기보다는 진실한 친구를 원합니다!

我朋友不多， 但是他们能在我最需要帮助的时候伸出援助之手，这才是真正的朋友，朋友不求多，只求真心！

知心 zhīxīn 형 서로를 잘 아는 | 困境 kùnjìng 명 곤경, 궁지 | 毫不犹豫 háobù yóuyù 성어 조금도 주저하지 않다 |
开朗 kāilǎng 형 명랑하다, 활달하다 | 总之 zǒngzhī 접 요컨대, 아무튼, 어쨌든 | 人际关系 rénjì guānxi 인간관계 |
倾诉 qīngsù 동 이것저것 다 말하다 | 伸出援助之手 shēnchū yuánzhù zhī shǒu 구원의 손길을 뻗다

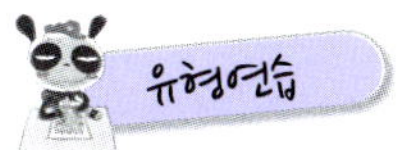

我朋友比较多，这和我　　　　　的性格有关，总之我人际关系不错。

연습단어　　　积极　　　活泼　　　乐观

2 당신은 사람들과 잘 어울리는 편입니까?

你和别人相处得好吗?

你和别人相处融洽吗?

▶ 꼭 알아두기 相处融洽 서로 사이좋게 지내다

01 그렇습니다. 저는 외향적인 성격으로 처음 보는 사람과도 낯설어하지 않고 잘 어울리는 편입니다.

是的，我性格比较外向，和初次见面的人没有陌生感，能很好地相处。

02 저는 매우 외향적인 사람입니다. 처음 본 사람이나 낯선 사람과도 대화할 수 있을 뿐만 아니라, 빨리 친해질 수 있습니다.

我是个很外向的人。我不但能和初次见面的人或不熟悉的人聊起来，而且能很快和他们融洽相处。

03 저는 새로운 친구들과 사귀는 것을 좋아합니다. 중국에서 유학하는 동안, 많은 외국 친구를 알게 되었고 한국에 돌아와서도 여전히 그들과 연락하며 지내고 있습니다.

我喜欢结交新朋友，在中国留学期间，我认识了很多外国朋友，回国后大家一直保持联系。

04 예, 저는 성격이 비교적 외향적입니다. 저는 처음 만난 사람에게 먼저 인사하는데, 이것이 바로 저의 사교기술입니다. 이는 제가 상대방과 짧은시간 안에 쉽게 친해질 수 있게 합니다.

是，我性格比较外向。与初次见面的人主动打招呼，这就是我的交际技巧。它能让我和对方在短时间内轻松地建立起友好的关系。

相处 xiāngchǔ 동 함께 살다 | 融洽 róngqià 형 사이가 좋다, 조화롭다 | 陌生 mòshēng 형 생소하다, 낯설다 | 熟悉 shúxī 형 잘 알다, 익숙하다 | 结交 jiéjiāo 동 교제하다 | 一直 yìzhí 부 계속, 줄곧 | 保持 bǎochí 동 유지하다 | 打招呼 dǎ zhāohu 동 인사하다 | 技巧 jìqiǎo 명 기교, 테크닉 | 轻松 qīngsōng 형 수월하다, 부담이 없다 | 友好 yǒuhǎo 형 우호적인

유형연습

我性格比较外向，我喜欢 ________ 。

연습단어　　　交朋友　　　　　参加社交活动　　　　在很多人面前讲话

[3] 당신의 친구들은 당신을 어떻게 평가합니까?

你的朋友们对你是如何评价的?
你朋友对你的评价如何?

▶ 꼭 알아두기　对……的评价如何 ~에 대한 평가가 어떻습니까

01 친구들은 저에게 조직을 조화롭게하는 능력이 있다고 평가합니다. 친구들 간에 의견충돌이나 마찰이 생겼을 때 모두들 저를 찾아와 소통될 수 있게 도움을 요청합니다.

朋友们评价我有较强的组织协调能力，大家一旦有分歧、摩擦，都会找我帮忙沟通协调。

02 친구들은 제가 유머러스하고 말을 잘한다고 생각합니다. 친구들과 이야기할 때, 항상 흥미로운 이야깃거리를 잘 찾아 재미있게 이야기하기 때문에 모두들 저와 수다 떠는 것을 좋아합니다.

朋友们认为我是一个幽默、口才好的人。和大家交流时，我总能找到一些有趣的话题，并能和大家愉快地交谈，所以大家都喜欢与我聊天儿。

03 친구들이 저를 정신적 지주라고 이야기합니다. 친구들은 고민거리가 생기면 저를 찾아와 털어놓는 것을 좋아해 저는 성심성의껏 들어주고 의견을 제시하며 그들을 격려합니다.

朋友们说我是他们的精神支柱，朋友们有心事都喜欢找我倾诉，我会用心聆听，并给出自己的意见帮助、鼓励他们。

生词

评价 píngjià 동 평가하다 | 协调 xiétiáo 동 조화롭게 하다 | 分歧 fēnqí 형 (의견이) 불일치하다 | 摩擦 mócā 동 마찰하다, 비비다 | 沟通 gōutōng 동 소통하다 | 幽默 yōumò 형 유머러스하다 | 口才 kǒucái 명 말솜씨, 말재주 | 有趣 yǒuqù 형 재미있다 | 交谈 jiāotán 동 이야기하다 | 精神 jīngshén 명 정신 | 支柱 zhīzhù 명 지주, 버팀목 | 倾诉 qīngsù 동 이것저것 다 말하다 | 聆听 língtīng 동 경청하다 | 鼓励 gǔlì 동 격려하다

朋友们认为我是一个 ⬚ 的人。

　开朗活泼　　　很有意思　　　很有责任感　　　值得信赖

信赖 xìnlài 〔동〕 신뢰하다

同價紅裳(동가홍상)! 같은 값이면 다홍치마~

'이왕에 같은 조건이면 보기 좋은 것을 골라가진다'는 뜻이다. 깔끔하고 세련된 인상과 단정한 복장이 사람에게 더 호감을 느끼게 하는 것은 당연하다. 비슷한 역량을 가진 면접자 간에는 밝은 미소와 깔끔한 복장이 승패를 가를 수도 있다.

1 자신의 성격에 있어 장단점을 말해 보세요.

请说明一下自己性格的优缺点。
你的性格如何?
你的性格怎么样?

▶ 꼭! 알아두기 性格的优缺点 성격의 장단점

01 저는 솔직하고 시원시원한 성격의 사람입니다. 하지만 가끔 의도치 않게 다른 사람의 자존심을 상하게도 합니다. 그래서 말하기 전에 한 번 더 생각하는 습관이 있습니다.

我是一个率真直爽的人，有时候会在无意中伤害了别人的自尊心。所以我有说话前会再三考虑一下的习惯。

02 저는 적응력과 의사소통능력이 비교적 뛰어난 편입니다. 새로운 환경에 적응하고 새로운 동료들과 잘 어울릴 자신이 있습니다.

我有较强的适应力和沟通能力，对新的环境和同事能够很快适应，这点我很有信心。

对……能够很快适应(○) → 对……能够很快适应融合(△)

03 저는 일할 때의 강한 집중력이 저의 장점이자 단점이라고 할 수 있습니다. 한편으로는 일을 처리할 때 모든 정신을 그곳에 집중시켜 몰두하는데, 이것은 적은 노력으로 많은 성과를 낼 수 있지만, 다른 한편으로는 한 가지 일에 너무 몰두하다 보면, 종종 주변 사람이나 일에 신경을 못 쓰게 되기도 합니다.

我做事情时精力高度集中，这是我的优点，也是我的缺点。一方面，处理问题时，我会把所有的注意力都集中在那个问题上，完全钻到里面去，这能让我达到事半功倍的效果；但另一方面，由于精力高度集中于一件事情，往往会忽略周围的人或事。

04 저는 한번 시작한 일은 반드시 끝을 봐야만 하는 성격입니다. 만약 해야 할 일을 제때 끝내지 못하면 죄책감을 느끼며, 매우 무책임한 것 같습니다. 그래서 제가 가장 좋아하는 '오늘 할 일을 오늘 끝내자'는 말을 저의 신조로 삼고 항상 부지런하기 위해 노력하고 있습니다.

我是个做事有始有终的人，如果一件事情没有及时完成，我会有一种负罪感，感觉很不负责任。所以我最欣赏"今日事，今日毕"这句话，我把它作为信条，不断勉励自己努力奋斗。

生词

率真 shuàizhēn 형 솔직하다 | 直爽 zhíshuǎng 형 거침없다, 시원시원하다 | 无意 wúyì 동 고의가 아니다 | 伤害 shānghài 동 상하게 하다, 다치게 하다 | 自尊心 zìzūnxīn 명 자존심 | 再三考虑 zàisān kǎolǜ 심사숙고하다 | 适应力 shìyìnglì 적응력 | 沟通能力 gōutōng nénglì 의사소통능력 | 精力 jīnglì 명 정신과 체력 | 集中 jízhōng 동 집중하다 | 优点 yōudiǎn 명 장점 | 缺点 quēdiǎn 명 단점, 결점 | 钻 zuān 동 깊이 파고들다 | 事半功倍 shìbàn gōngbèi 성어 적은 노력으로 많은 성과를 올리다 | 忽略 hūlüè 동 소홀히 하다, 등한시하다 | 有始有终 yǒushǐ yǒuzhōng 성어 시작하여 끝까지 밀고 나가다, 유종의 미를 거두다 | 及时 jíshí 부 즉시, 신속히 | 负罪感 fùzuìgǎn 자책감 | 欣赏 xīnshǎng 동 좋아하다, 마음에 들다 | 今日事，今日毕 jīnrì shì, jīnrì bì 오늘 할 일은 오늘 마친다 | 信条 xìntiáo 명 신조 | 勉励 miǎnlì 동 격려하다, 장려하다 | 奋斗 fèndòu 동 분투하다

2 **성격상 단점을 극복하기 위해 어떤 노력을 합니까?**

你怎样克服自己性格上的缺点呢?

你如何克服性格的弱点?

你如何克服性格的缺陷?

▶ 꼭! 알아두기 **你怎样克服 / 你如何克服** 어떻게 극복합니까

01 저는 말주변이 부족합니다. 말을 잘하기 위해서, 저는 평소 다양한 사교활동에 적극 참여하고 가능한 많은 사람들과 많이 교류하며 소통하려 하고, 잘 모르는 사람과도 주동적으로 말을 걸고 합니다.

我是个语言表达能力差的人，为了提高自己的说话技巧，我平时会积极参加各种社交活动，尽可能多的与人交流聊天儿，和不熟悉的人也主动说话。

02 저는 원래 내성적인 편이었습니다. 이런 저를 스스로 변화시키기 위하여 모임에 자주 참석해 가족, 친구들과 어울리며 끊임없이 저를 단련시켰더니, 점점 성격도 밝아지고 사람들과 어울리기도 더욱 쉬워졌습니다.

我原本性格内向，为了让自己有所改变，我经常参加一些聚会，和家人朋友交流，不断锻炼自己，慢慢地性格也变得开朗起来，和大家相处起来也变得比较容易了。

03 저는 성격이 비교적 단순한 편이라 사람을 쉽게 믿어 잘 속기도 합니다. 그래서 매번 결정을 해야 할 때에는 믿을 만한 친구에게 조언을 구하고 있습니다.

我是个比较单纯的人，容易轻信别人而上当受骗，因此每次需要做出决定时，我都会向可信的朋友征求意见。

04 저는 가끔 너무 솔직해서 다른 사람의 미움을 사기도 합니다. 그래서 말하기 전에 신중하게 생각하고, 다른 사람의 단점을 들추기보다는 장점을 찾으려고 합니다.

我偶尔说话太直接容易得罪人。因此说话之前我会慎重考虑，多发掘人家的长处，避其短处。

多发掘人家的长处(○) → 多发掘人家长处(△)

生词

克服 kèfú 동 극복하다 | 弱点 ruòdiǎn 명 단점, 약점 | 缺陷 quēxiàn 명 결함, 결점 | 表达 biǎodá 동 (자신의 감정을) 표현하다 | 技巧 jìqiǎo 명 기교, 테크닉 | 社交活动 shèjiāo huódòng 사교활동 | 尽可能 jǐnkěnéng 부 되도록, 가능한 한 | 内向 nèixiàng 형 내성적이다 | 单纯 dānchún 형 단순하다 | 轻信 qīngxìn 동 경솔하게 믿다 | 上当 shàngdàng 동 속다, 속임수에 걸리다 | 受骗 shòupiàn 동 사기를 당하다 | 征求 zhēngqiú 동 (서면이나 구두로) 묻다 | 偶尔 ǒu'ěr 부 때때로, 이따금 | 直接 zhíjiē 형 직접적인 | 得罪 dézuì 동 미움을 사다, 다른 사람의 기분을 상하게 하다 | 慎重 shènzhòng 형 신중하다 | 发掘 fājué 동 찾아내다, 발굴하다 | 避 bì 동 피하다

3 살아오면서 가장 어려웠던 시기는 언제입니까,
그것을 어떻게 이겨냈습니까?

迄今为止，你遇到过的最大挫折是什么？是怎样克服的？
说说你人生中遭遇的最大挫折是什么事？是怎样克服的？

▶ 꼭! 알아두기　遇到挫折 / 遭遇挫折 좌절을 겪다(당하다)

01 고등학교 때 아버지 회사가 부도가 나서 가정형편이 갑자기 안 좋아졌습니다. 좋지않은 가정형편으로 이전에는 철없고 제멋대로이며 돈도 함부로 쓰던 제가 아르바이트하며 스스로 용돈도 벌고 근검절약하는 아이가 되었습니다.

高中时期，由于我爸爸的公司破产，我们的家境忽然败落了。这让我从一个不懂世事、任性调皮、花钱大手笔的孩子，慢慢变成了靠自己的力量打工赚钱，勤俭节约的好孩子。

02 대입 수능을 실패한 것이 제 인생의 큰 좌절이었습니다. 그때는 부정적인 생각에 휩싸여 앞이 캄캄하게만 느껴졌습니다. 그후 학교와 전공을 이성적으로 선택하여 원하는 데로 합격하였고, 잃었던 자신감을 다시 회복하였습니다.

高考失利，是我人生的一大挫折。那时候消极的思想缠绕着我，感觉人生很迷茫。后来我理智地选择了学校及专业，并如愿被录取了。我失去的信心又恢复了。

并如愿被录取了(○) → 并如愿录取了(△)

03 제 인생에 있어 마라톤에 참여했던 것이 가장 이겨내기 어려운 일이었습니다. 처음에는 단순하게 장거리 달리기라고만 생각했습니다. 그런데 점점 달릴수록 포기하고만 싶고 움직일 수조차 없었습니다. 하지만 결국 완주하였고, 마라톤을 통해 저 스스로를 이겨내게 되었습니다.

对我来说，人生中最困难的事就是参加马拉松那件事情。刚开始时，我觉得只是长跑而已。不过后来越跑越想放弃，根本跑不动，但最后还是跑完了。通过这一活动我战胜了我自己。

通过这一活动我战胜了我自己(○) → 通过这一活动我能克服了我自己(△)

迄今为止 qìjīn wéizhǐ (이전 어느 시점부터) 지금에 이르기까지 | 挫折 cuòzhé 명 좌절, 실패 | 遭遇 zāoyù 동 (적 또는 불행한 일을) 만나다, 부닥치다 | 破产 pòchǎn 동 파산하다, 부도나다 | 忽然 hūrán 부 갑자기, 돌연 | 败落 bàiluò 동 몰락하다, 기울다 | 不懂世事 bùdǒng shìshì 세상 물정을 모르다 | 任性 rènxìng 형 제멋대로 하다 | 调皮 tiáopí 형 장난이 심하다, 말을 잘 듣지 않다 | 花钱大手笔 huāqián dàshǒubǐ 돈을 펑펑 쓰다 | 力量 lìliang 명 능력, 힘 | 赚钱 zhuànqián 동 돈을 벌다 | 勤俭节约 qínjiǎn jiéyuē 근검절약하다 | 高考 gāokǎo 명 대학입학시험 | 消极 xiāojí 형 부정적이다 | 缠绕 chánrào 동 얽매다 | 迷茫 mímáng 형 아득하게 흐릿하다 | 理智 lǐzhì 형 냉정하다, 침착하다 | 如愿 rúyuàn 동 원하는 대로 하다 | 录取 lùqǔ 동 채용하다, 뽑다 | 恢复 huīfù 동 회복하다 | 马拉松 mǎlāsōng 명 마라톤 | 而已 éryǐ 조 ~뿐이다 | 放弃 fàngqì 동 (권리나 주장·의견 등을) 버리다, 포기하다 | 根本 gēnběn 부 전혀, 도무지 | 战胜 zhànshèng 동 승리하다

我通过 ⬚ ，终于克服了困难。

 自己的努力　　　基督信仰　　　老师的帮助

基督 Jīdū 명 예수, 그리스도 | 信仰 xìnyǎng 명동 신앙(하다)

4 당신의 인생관(좌우명)은 무엇입니까?

你的人生观(座右铭)是什么?
请你介绍一下你的人生观(座右铭)。

▶ 꼭! 알아두기 请你介绍一下…… ~를 소개해주세요

01 저의 인생관은 즐겁고 자유로우며 행복한 삶을 추구하는 것입니다. 이를 위해, 저는 항상 적극적이고 긍정적인 태도로 모든 상황을 대하려고 노력하고 있습니다.

我的人生观就是追求快乐、自由、幸福的生活。为此，我一直努力保持用积极乐观的态度来对待一切。

02 저의 좌우명은 '일찍 일어나는 새가 벌레를 잡아 먹는다'입니다. 저는 사람은 부지런해야만 좋은 성과를 거둘 수 있다고 믿습니다.

我的座右铭是"早起的鸟儿有虫吃"。我相信人只有勤奋才能获得好的成果。

03 저는 즐거움이야 말로 행복한 인생의 가장 중요한 조건이며, 즐겁게 사는 사람이야 말로 삶을 어떻게 즐겨야 할지 가장 정확히 안다고 생각합니다. 그래서 저는 적극적이며 긍정적인 삶의 태도를 유지하기 위해 노력하고 있습니다.

我认为快乐是幸福人生的最重要的条件，快乐的人非常清楚如何享受生活。因此我一直努力保持积极乐观的生活态度。

04 우리는 매사에 책임감을 가지고 일을 해야 합니다. 강한 책임감이 없다면, 어떠한 일도 해낼 수 없습니다. 저는 책임감있는 사람이 되고 싶습니다.

我们做每一件事情都要对自己负责。没有强烈的责任感，什么事情都做不成。我想做一个有责任心的人。

生词

座右铭 zuòyòumíng 명 좌우명 | 追求 zhuīqiú 동 추구하다 | 保持 bǎochí 동 유지하다, 지키다 | 积极 jījí 형 적극적이다 | 乐观 lèguān 형 긍정적이다 | 对待 duìdài 동 다루다, 대처하다 | 一切 yíqiè 대 모든, 전부 | 早起的鸟儿有虫吃 zǎoqǐ de niǎor yǒu chóng chī 일찍 일어나는 새가 벌레를 잡아 먹는다 | 勤奋 qínfèn 형 꾸준하다, 부지런하다 | 获得 huòdé 동 얻다, 취득하다 | 成果 chéngguǒ 명 성과, 결과 | 条件 tiáojiàn 명 조건 | 享受 xiǎngshòu 동 누리다, 즐기다 | 强烈 qiángliè 형 강렬하다

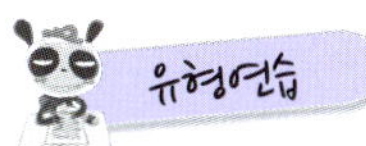

我的座右铭是 ______ 。

연습단어

健康是幸福的源泉	世上无难事，只要肯登攀
一不做二不休	一份耕耘，一份收获
失败是成功之母	坚持就是胜利

世上无难事，只要肯登攀 shìshàng wú nánshì, zhǐyào kěn dēngpān 마음만 먹으면 못할 일이 없다 | 一不做二不休 yì bú zuò, èr bù xiū 손을 댄 바에는 끝까지 한다 | 一份耕耘，一份收获 yí fèn gēngyún, yí fèn shōuhuò 노력한 만큼 수확을 얻는다 | 失败是成功之母 shībài shì chénggōng zhī mǔ 실패는 성공의 어머니이다

① 만약 내일 지구가 멸망한다면, 오늘 무엇을 하겠습니까?

如果明天地球毁灭，今天你要做什么？
如果明天地球爆炸，你今天想干什么？

▶ 꼭! 알아두기 **地球毁灭 / 地球爆炸** 지구가 멸망하다

01 만약 내일 지구가 멸망한다면, 저는 가족과 친구들에게 문자를 보내서 제가 얼마나 그들을 사랑하는지 이야기해주고 싶습니다.

如果明天地球毁灭，我会立刻给家人和朋友发短信，告诉他们我有多爱他们。

02 만약 내일 지구가 멸망한다면 먼저 가족과 친구에게 전화를 걸어 작별인사를 하겠습니다. 그리고 나서 최고급 레스토랑에 가서 배불리 먹고, 고가의 상점에 가서 평소 돈이 아까워 사지 못했던 물건을 사겠습니다.

如果明天是世界末日，我会先给家人和朋友一个个地打电话道别，然后去最好的饭店吃顿大餐，去高档的商店买我平时舍不得买的东西。

03 저는 제일 아름답고 제일 기억에 남았던 장소에 찾아가서, 사랑하는 친구들과 마지막 순간을 함께 하고 싶습니다.

我想去我记忆中最深刻最美好的地方，然后和亲爱的朋友们在一起度过最后的时光。

📖 **生词**

毁灭 huǐmiè 동 파멸시키다 | 爆炸 bàozhà 동 폭발하다 | 短信 duǎnxìn 명 문자 | 世界末日 shìjiè mòrì 세계종말 | 道别 dàobié 동 이별하다, 작별인사하다 | 高档 gāodàng 형 고급의 | 舍不得 shěbude 동 ~하기 아까워 하다 | 记忆 jìyì 명 기억 | 度过 dùguò 동 (시간을) 보내다, 지내다 | 时光 shíguāng 명 시간, 때, 시절

2 당신이 가장 좋아하는 한 마디는 무엇입니까?

你最喜欢的一句话是什么?

你最喜欢的一个词语是什么?

▶ 꼭! 알아두기 **你最喜欢的……是什么** 당신이 가장 좋아하는 ~는 무엇입니까

01 저는 '꿈'이라는 단어를 좋아합니다. 꿈은 제가 매일 열심히 살게 하는 원동력이 되어줍니다.

我喜欢 "梦想" 一词，它是我每天努力奋斗的内在动力。

02 저는 'No pain, No gain'이라는 말을 좋아합니다. 어떤 일이든 공짜로 얻어지는 것은 없으며, 노력해야만이 비로소 얻을 수 있습니다.

我喜欢 "一分耕耘，一分收获" 这句话。任何事想不劳而获都是不可能的，只有付出努力才会有回报。

03 저는 '실패는 성공의 어머니'라는 말을 가장 좋아합니다. 세상에는 순조롭게 진행되는 일보다 실패하는 일이 오히려 더 많습니다. 만약 우리가 실패에 대하여 올바르게 대처한다면, 그 속에서 깨달음을 얻을 수 있을 것입니다. 저는 실패를 경험해야만 비로소 성공할 수 있다고 생각합니다.

我最喜欢的一句话是 "失败乃成功之母"。世上少有一帆风顺的事，而失败却随时会有。如果我们正确对待失败，就可以从失败中获取教训。我认为有失败才有成功。

04 저는 '학이불사즉망, 사이불학즉태'라는 격언을 가장 좋아합니다. 이는 공자가 한 말로, 배우기만 하고 생각하지 않으면 얻는 것이 없고, 생각만 하고 배우지 않으면 의혹이 풀리지 않는다는 의미입니다. 이 말처럼, 저 또한 학습과 사고가 결합되어야만이 참된 지식을 얻을 수 있다고 생각합니다.

我最喜欢的一句格言是"学而不思则罔，思而不学则殆"。这句格言是孔子说的，意思是：只学习而不思考，就会惘然无知而没有收获，只思考而不学习，会更加疑惑不解。像这句话说的一样，我也认为只有把学习和思考结合起来，才能学到有用的知识。

生词

梦想 mèngxiǎng 명 꿈, 몽상, 이상 | 奋斗 fèndòu 동 (일정한 목적에 도달하기 위해) 분투하다 | 动力 dònglì 명 원동력 | 一分耕耘，一分收获 yì fēn gēngyún, yì fēn shōuhuò 노력한 만큼 수확을 얻다 | 不劳而获 bùláo' érhuò 성어 일하지 않고 이익을 얻다 | 回报 huíbào 동 보답하다 | 失败乃成功之母 shībài nǎi chénggōng zhī mǔ 실패는 성공의 어머니이다 | 一帆风顺 yìfān fēngshùn 성어 일이 순조롭게 진행되다 | 随时 suíshí 부 수시로 | 正确 zhèngquè 형 정확하다, 올바르다 | 获取 huòqǔ 동 얻다, 취득하다 | 教训 jiàoxùn 명 교훈 | 格言 géyán 명 격언 | 学而不思则罔，思而不学则殆 xué ér bù sī zé wǎng, sī ér bù xué zé dài 배우기만 하고 생각하지 않으면 얻는 것이 없고, 생각만 하고 배우지 않으면 위태롭다 | 孔子 Kǒngzǐ 인명 공자 | 惘然 wǎngrán 형 실의에 빠진 모양 | 无知 wúzhī 형 무지하다 | 疑惑不解 yíhuò bùjiě 의혹이 풀리지 않다 | 结合 jiéhé 동 결합하다

我最喜欢的一句话是 ☐ 。

연습단어

忠言逆耳利于行　　　　说得好不如做得好

留得青山在，不怕没柴烧　　好的开始就是成功的一半

忠言逆耳利于行 zhōng yán nì'ěr, lìyú xíng 충언은 귀에 거슬리지만 행동에는 이롭다 |
说得好不如做得好 shuō de hǎo bùrú zuò de hǎo 실천이 말보다 낫다 |
留得青山在，不怕没柴烧 liú dé qīngshan zài, bú pà méi cháishāo
푸른 산이 있는 한 땔감 걱정은 하지 않는다. 근본이 충실하면 걱정할 것 없다 |
好的开始就是成功的一半 hǎo de kāishǐ jiùshì chénggōng de yíbàn 시작이 반이다

면접현장 대화 Scene 3

성격 및 인생관 1

면접관 본인의 성격은 어떻습니까?

你的性格怎么样?

면접자 저는 명랑하고 활발한 성격입니다. 그래서 처음 보는 사람과도 낯설어하지 않고 잘 어울리는 편입니다.

我的性格很活泼开朗，所以和初次见面的人没有陌生感，能很好地相处。

면접관 그래요? 그럼 친구도 많겠네요?

是吗？你应该有很多朋友吧？

면접자 네, 저는 좋은 친구가 많이 있습니다. 그들은 제가 가장 도움이 필요할 때 손을 내밀어 줄 수 있는 진정한 친구들입니다.

对，我有很多好朋友。他们能在我最需要帮助的时候伸出援助之手的真正的朋友。

면접관 그럼 친구들은 당신을 어떻게 평가하나요?

那么他们对你的评价如何？

면접자 친구들은 저에게 조직을 조화롭게하는 능력이 있다고 평가합니다. 친구들 간에 의견충돌이나 마찰이 생겼을 때 모두들 저를 찾아와 소통될 수 있게 도움을 요청합니다.

朋友们评价我有较强的组织协调能力，大家一旦有分歧、摩擦，都会找我帮忙沟通协调。

면접관 자신의 인생관은 무엇입니까?

你的人生观是什么？

면접자 저의 인생관은 즐겁고 자유로우며 행복한 삶을 추구하는 것입니다. 이를 위해, 저는 항상 적극적이고 긍정적인 태도로 모든 상황을 대하려고 노력하고 있습니다.

我的人生观就是追求快乐、自由、幸福的生活。为此，我一直努力保持用积极乐观的态度对待一切。

면접현장 대화 Scene 4

성격 및 인생관 2

면접관 본인의 성격은 어떻습니까?

你的性格怎么样?

면접자 저는 한번 시작한 일은 반드시 끝을 봐야만 하는 성격입니다. 만약 해야 할 일을 제때 끝내지 못하면 죄책감을 느끼며, 매우 무책임한 것 같습니다. 그래서 제가 가장 좋아하는 '오늘 할 일을 오늘 끝내자'는 말을 저의 좌우명으로 삼고 항상 부지런하기 위해 노력하고 있습니다.

我是个做事有始有终的人，如果一件事情没有及时完成，我会有一种负罪感，感觉很不负责任。所以我最欣赏"今日事，今日毕"这句话，我把它作为座右铭，不断勉励自己努力奋斗。

면접관 성격의 단점은 무엇인가요?

你性格的弱点是什么?

면접자 저는 가끔 너무 솔직해서 다른 사람의 미움을 사기도 합니다. 그래서 말하기 전에 신중하게 생각하고, 다른 사람의 단점을 들추기보다는 장점을 찾으려고 합니다.

我偶尔说话太直接容易得罪人。因此说话之前我会慎重考虑，多发掘人家的长处，避其短处。

면접관 살아오면서 가장 어려웠던 시기가 언제인가요? 어떻게 이겨냈나요?

你人生中遇到过的最大挫折是什么? 是怎样克服的?

면접자 고등학교 때 아버지 회사가 부도가 나서 갑자기 가정 형편이 안 좋아지면서 가족들이 흩어졌던 적이 있습니다. 이전에는 철없고 제멋대로이며 돈도 함부로 쓰던 제가 집안 형편이 어려워진 뒤에는 아르바이트하며 스스로 용돈도 벌고 근검절약하며 생활하기 시작했습니다.

高中时期，由于爸爸的公司破产，我们的家境忽然败落了，家人分散相别离。我以前是个不懂世事、任性调皮、花钱大手笔的孩子。但家境败落以后我就开始靠自己的力量打工赚钱，勤俭节约地生活。

학교 생활
学校生活

1 고등학교 때, 가장 좋아했던 과목은 무엇입니까?

高中时，你最喜欢上哪门功课？

高中时，你对哪门课最感兴趣？

▶ 꼭! 알아두기 对……感兴趣 ~에 관심(흥미)이 있다, 좋아하다

01 저는 중국어 수업을 가장 좋아했습니다. 특히 중국어 단어 암기하는 것을 좋아합니다.

我最喜欢上汉语课。特别是喜欢背中文单词。

02 화학 수업을 좋아했습니다. 그래서 대학에서도 화학공학 전공을 선택했습니다.

我喜欢上化学课。因此读大学时我选择了化学工业专业。

03 제가 좋아했던 과목은 국사입니다. 제가 태어나기 전의 세상변화에 대해 관심이 많이 있습니다.

我喜欢上历史课。我对在我出生之前的世界变化非常感兴趣。

04 저는 수학을 좋아했습니다. 수학문제는 이리저리 생각해 본 후에야 정확한 답이 나오기 때문입니다.

我喜欢上数学课。因为数学问题经过推敲就能得出正确的答案。

05 저는 어려서부터 외국어 배우는 것을 좋아했습니다. 외국어를 배우면 다른 나라의 문화를 잘 이해할 수 있기 때문입니다.

我从小就喜欢学习外语。因为掌握一门外语能让我更好地了解别的国家的文化。

背 bèi 통 외우다 | 因此 yīncǐ 접 그래서 | **化学工业** huàxué gōngyè 명 화학공업 | **专业** zhuānyè 명 전공 | **之前** zhīqián 명 ~이전 | **数学** shùxué 명 수학 | **经过** jīngguò 통 (장소, 시간, 동작 등을) 거치다, 통과하다 | **推敲** tuīqiāo 통 곰곰이 생각하다, 헤아리다 | **得出** déchū 통 얻어 내다 | **正确** zhèngquè 형 정확하다 | **答案** dá'àn 명 답안 | **掌握** zhǎngwò 통 장악하다, 파악하다

면접 TIP

뻔한 답변은 피하자.

퇴근 후 애인과 약속이 있는데 상사가 갑자기 술을 마시자고 한다면 어떻게 하겠습니까?라는 질문에서 "무조건 상사를 따라가겠습니다." 혹은 "솔직하게 이야기하고 정중히 거절하겠습니다."라는 뻔한 답변보다는 예를 들면, "애인을 불러서 상사에게 소개하고 함께 술자리를 하겠습니다."라는 답변이 더 좋겠죠?

2 가장 기억에 남는 선생님이 있습니까?

请你介绍一下印象最深刻的老师?

请说一下你最喜欢的老师。

▶ 꼭! 알아두기　印象深刻 인상 깊다, 인상적이다

01 고등학교 3학년 때 담임 선생님이셨던 최진환 선생님이 저에게 가장 깊은 인상을 주셨습니다. 저희에게 국어를 가르쳐 주신 선생님께서는 학생들에게 성적은 한 사람의 성공 여부를 평가하는 유일한 기준이 아니라는 등의 인생에 도움되는 충고를 많이 해주셨습니다.

高三时的班主任崔金环老师给我留下的印象最深，他教我们国语。老师给了我们很多对人生有帮助的忠告，如：成绩不是衡量一个人成功与否的唯一标准。

02 저는 중국어 선생님이 가장 기억에 남습니다. 선생님께서 수업을 재미있게 하셔서 중국어를 좋아하게 되었고, 대학에 가서는 중국어 전공을 선택하게 되었습니다.

我印象最深刻的是中文老师。他的教学方式很有趣，让我喜欢上了中文，所以上大学时我选择了汉语专业。

03 저는 양호 선생님이 가장 기억에 남습니다. 선생님께서는 언제나 저희의 고민상담을 해주셨고, 힘든 일이 생기면 저희 입장이 되어서 도와주셨습니다.

我对保健教师印象最深刻。老师总是帮我们分析解决遇到的烦恼，而且每次遇到困难，她都会站在我们的角度帮我们解决。

印象 yìnxiàng 명 인상 | 班主任 bānzhǔrèn 명 담임 선생님 | 忠告 zhōnggào 명동 충고(하다) | 成绩 chéngjì 명 성적 | 衡量 héngliáng 동 평가하다, 측정하다 | 成功 chénggōng 명 성공 | 唯一 wéiyī 형 유일한 | 标准 biāozhǔn 명 기준 | 有趣 yǒuqù 형 재미있다 | 保健教师 bǎojiàn jiàoshī 양호교사 | 分析 fēnxī 명동 분석(하다) | 解决 jiějué 동 해결하다 | 遇到 yùdào 동 만나다 | 烦恼 fánnǎo 형 걱정하다 | 困难 kùnnan 명 어려움, 곤란 | 角度 jiǎodù 명 각도

면접 TIP

나의 이름을 기억시키자

대부분 면접자는 처음 자기소개 시 "안녕하십니까? △△에 지원한 ○○번 □□입니다."를 가장 많이 이야기한다. 첫마디에서 면접관의 시선을 사로잡을 수 있는 센스있는 멘트는 이젠 선택이 아닌 필수! "안녕하십니까? 소개팅에 열 번 나가면 열 번 다 애프터 신청을 받는 지원자 □□□입니다."라는 센스있고, 면접관을 웃음 짓게 할 수 있는 자기소개 시작 문구를 준비해보자!

1 대학에서의 전공은 무엇입니까?

请说一下你的专业。
你的大学专业是什么?

▶ 꼭 알아두기　专业 전공 / 副专业 부전공 / 第二专业 부전공 혹은 제2전공

01 저는 중국어를 전공했습니다. 중국어뿐만 아니라 중국경제와 정치 방면에 관련된 기본지식도 공부하였습니다.

我的专业是中文系。我不但掌握了中文，还了解了中国经济和政治方面的相关基本知识。

02 저는 관광학을 전공했습니다. 학교에서 배운 많은 유용한 지식을 업무에 잘 활용할 수 있었으면 좋겠습니다.

我的专业是观光学。我在大学里学到了很多有用的知识，希望在工作中能够得到应用。

03 저는 경제학을 전공하였습니다. 한국경제의 발전현황뿐만 아니라, 해외시장에 대한 실무학습을 통해 외국의 발전상황을 이해하게 되었습니다.

我的专业是经济学。我不仅学习了韩国经济的发展现状，还通过对国外市场实务的学习，了解了国外的发展情况。

04 저는 항공서비스를 전공하였습니다. 전공에서는 기내에서의 예절뿐만 아니라, 실무지식과 외국어까지 습득할 수 있었습니다.

我学的专业是航空服务。我的专业不仅能学到机场内的礼仪，还可以学到实用的知识和外语。

징검다리 学到实用的知识和外语(○) → 学到具有实用性的知识和外语(△)

不但……还…… búdàn……hái…… ~뿐만 아니라 ~도 | 经济 jīngjì 명 경제 | 政治 zhèngzhì 명 정치 | 相关 xiāngguān 동 관련되다, 상관되다 | 知识 zhīshi 명 지식 | 观光学 guānguāngxué 관광학 | 有用 yǒuyòng 동 쓸모가 있다, 유용하다 | 能够 nénggòu 동 ~할 수 있다 | 得到 dédào 얻다, 취득하다 | 应用 yìngyòng 동 응용하다, 사용하다 | 不仅……还…… bùjǐn……hái…… ~뿐만 아니라 ~도 | 发展 fāzhǎn 동 발전하다 | 现状 xiànzhuàng 명 현상, 현재상황 | 实务 shíwù 명 실무 | 情况 qíngkuàng 명 상황, 형편 | 航空服务 hángkōng fúwù 항공서비스 | 机场 jīchǎng 명 공항 | 礼仪 lǐyí 명 예절, 예절과 의식 | 实用 shíyòng 형 실용적이다

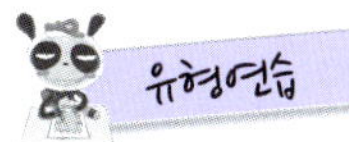

不仅学习了中国的 ________ ，还了解了中国市场的业务处理方式。

연습단어　　经济　　政治　　基础知识

2 전공을 선택한 이유가 무엇입니까?

选择这个专业的理由是什么?
你为什么选择这个专业?

▶ 꼭 알아두기 **理由是什么** 이유가 무엇인가요

---

01 저는 많은 사람들 앞에서 말하는 것을 좋아하고 흥미를 느낍니다. 중학교 시절, 학교에서 여러 가지 방송부로 활동하여서, 방송학과를 전공으로 선택하게 되었습니다.

我喜欢站在许多人面前讲话而且感觉很有意思，上初中时，我就参加了学校的各种广播活动。因此我选择了广播学专业。

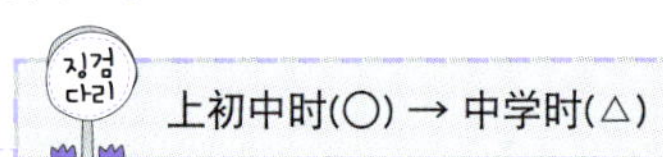

02 저는 어려서부터 컴퓨터 연구하는 것을 좋아했습니다. 특히 컴퓨터가 고장 났을 때, 제가 직접 고치고 나면 기분이 굉장히 좋아집니다. 그래서 컴퓨터공학 전공을 선택하게 되었습니다.

我从小就喜欢研究电脑。特别是电脑出现故障，我自己把它修好时，心情会变得很好。因此我选择了计算机科学专业。

---

03 저는 고등학교 때 경제학을 좋아했습니다. 경제학 수업을 통해, 한국의 경제정책을 이해하는 것 역시 제가 경제학과를 선택하게 된 계기입니다.

我读高中时就喜欢经济学，通过这门课，我了解了韩国的经济政策，这也是我选择经济系的原因。

---

04 저는 외국어 공부하는 것을 좋아해서 영어를 전공으로 선택하고, 중국어를 부전공하였습니다.

我喜欢学外语，所以我选择了英语专业，并且把汉语作为我的副专业。

---

05 사회발전이 요구하는 측면에서 봤을때, 사회에서 국제경영학을 전공하는 학생들이 많이 필요할 것으로 생각해서, 저는 국제학 전공을 선택했습니다.

从社会发展的要求来看，我认为社会需要更多国际经营学专业的学生，所以我选择了国际学专业。

---

06 저는 유아교육학과를 졸업했습니다. 어려서부터 어린아이들을 좋아했기 때문에, 유아교육을 전공으로 선택하였습니다. 전공 공부를 통해 어떻게 아이들과 소통하는지를 배웠고, 저 또한 더욱 세심하게 변화하였습니다.

我是幼儿教育专业毕业的，因为我从小就喜欢孩子，所以选择了幼儿教育这个专业。专业学习让我懂得了如何与孩子沟通，也让我变得更细心。

🔍 生词

广播 guǎngbō 동 방송하다 | 研究 yánjiū 동 연구하다 | 故障 gùzhàng 명 고장 | 政策 zhèngcè 명 정책 | 原因 yuányīn 명 원인 | 并且 bìngqiě 접 게다가, 나아가 | 副专业 fùzhuānyè 부전공 | 国际 guójì 명 국제 | 经营 jīngyíng 동 경영하다 | 幼儿 yòu'ér 명 유아 | 教育 jiàoyù 명 교육 | 懂得 dǒngde 동 (뜻, 방법을) 알다, 이해하다 | 沟通 gōutōng 동 소통하다 | 细心 xìxīn 형 세심하다

3 대학시절, 당신의 성적은 어땠습니까?

上大学时，你的成绩怎么样？
你专业的成绩怎么样？
你大学的成绩如何？

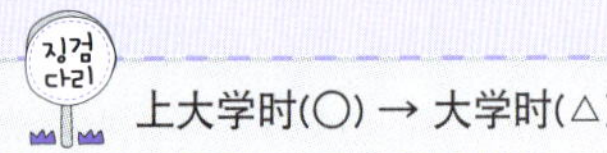

▶ 꼭 알아두기 　成绩怎么样 / 成绩如何 성적이 어땠나요

01 그다지 좋지 않았습니다. 하지만 다양한 활동으로 풍부한 사회경험을 쌓았기 때문에 후회는 하지 않습니다.

不是很好。但是我参加过很多活动，积累了丰富的社会经验。所以我不后悔。

02 좋은 편입니다. 학교 다닐 때 많은 활동에 참여하였지만, 저는 최선을 다해 좋은 성적을 거둘 수 있었습니다.

比较好。虽然我上学的时候参加了很多活动，但我还是尽了最大的努力，得到了好成绩。

03 그다지 좋지 않습니다. 하지만 다양한 해외봉사활동에 참여함으로써, 타인을 위해 희생하는 정신을 배울 수 있었고, 외국어도 공부하였습니다.

不太好。不过我参加了各种海外志愿者活动，学会了为他人奉献的精神，也掌握了外语。

📖 生词

参加 cānjiā 동 참여하다 ｜ 积累 jīlěi 동 (경험을) 쌓다, 축적하다 ｜ 丰富 fēngfù 형 풍부한 ｜ 经验 jīngyàn 명 경험 ｜ 后悔 hòuhuǐ 동 후회하다 ｜ 志愿者活动 zhìyuànzhě huódòng 자원 봉사활동 ｜ 奉献精神 fèngxiàn jīngshén 봉사정신

我参加了 ☐ 。

연습단어　　各种社会活动　　慈善活动　　小组活动　　俱乐部活动

慈善 císhàn 몡 자선 | 小组 xiǎozǔ 몡 동아리 | 俱乐部 jùlèbù 몡 클럽, 동호회

면접 TIP

면접은 발표가 아니라 상호작용이다.

예상질문을 만들어 외우는 것은 기본이지만 그렇다고 너무 기계적으로 외워 발표하는 듯한 인상을 주는 건 오히려 마이너스다. 외워서 숙지하되 상대방과 교감하며 자연스럽게 말하는 방법을 연습하자!

1 대학시절, 동아리 활동 경험이 있습니까?

大学期间，参加过小组活动吗？
大学时，参加过什么小组活动？

▶ 꼭 알아두기 小组活动 동아리 활동

01 저는 대학시절, 학교 봉사활동에 참여했습니다. 고아원에 가서 아이들을 돌봤는데, 그 아이들은 각자 마음의 상처를 가지고 있었습니다. 처음에 그곳에서 아이들과 놀아줄 때 아이들은 저희를 별로 좋아하지 않았습니다. 하지만 저희가 돌아가려고 하자 손을 놓아주려고 하지 않았고, 이로 인해 제 마음도 너무 아팠습니다. 몇 년간의 봉사활동을 통해 저는 타인과 소통하고 함께 살아가는 법을 배울 수 있었습니다.

我上大学的时候，参加了学校的志愿者活动。我们在一家孤儿院照顾小孩子。他们都有着各种各样的心理伤痕。刚开始在那儿跟他们玩儿的时候他们都不太喜欢我们。不过我们要回去的时候他们都不肯放开我们的手。这让我感到很悲伤。通过几年的志愿者活动，我学会了怎么跟其他人沟通，怎么跟别人一起生活。

02 저는 영어 독서동아리 활동을 하였습니다. 매달 영어책 한 권을 정해서 다같이 읽고, 다 읽은 후에는 각자 독후감을 썼습니다. 처음에는 영어책을 읽고 영어로 글을 쓰는 것이 너무 어려웠지만, 한 학기가 지나고 나서는 자연스럽게 영어소설을 읽을 수 있었습니다. 그래서 저는 중문과이지만 영어로 제 생각을 표현할 수 있습니다.

我参加过英语阅读小组。我们每个月定一本英语书，然后先一起读这本书。读完以后，每个人都要写一篇读后感。一开始读英语书，用英语写文章非常难。但是一个学期后，我能很自然地读英语小说了。所以虽然我是中文系的，但我能用英语表达自己的想法。

 징검다리 一开始读英语书(○) → 第一次读英语书(△)

03

저는 학교 광고동아리의 회장이었습니다. 광고동아리는 우리 학교를 대표하는 단체로서, 저희는 여러 방식을 통해 학교를 홍보하였습니다. 이런 활동을 통해서, 저는 마케팅에 대한 기초지식을 쌓았을 뿐 아니라, 낯선 사람들과 의견을 어떻게 교환하는지도 배울 수 있었습니다. 저는 이 활동이 나중에 제가 일을 하는 데 큰 도움이 될 거라고 생각합니다.

我是学校广告小组的会长。广告小组是代表我们大学的一个团体，我们通过几种方式来宣传我们学校。通过这些活动，我不仅学到了市场销售的基础知识，而且学会了怎么跟陌生人交换意见。我相信这对以后的工作会有很大的帮助。

我是学校广告小组的会长(○) → 我是学校的广告小组会长(△)

04

대학을 다니면서, 저는 스포츠동아리에 참여하였습니다. 저희는 일요일마다 축구, 야구, 수영 등 야외활동을 했고, 매 학기 한가지의 운동을 배우는 것을 목표로 삼았습니다. 3년간의 동아리 활동을 통해서 저는 현재 대부분의 운동을 할 수 있게 되었고, 건강에도 자신이 있습니다.

上大学的时候，我参加了体育小组。我们每个星期天在外面活动。比如，踢足球，打棒球，游泳等等。我们的目标就是每个学期学会一个体育项目。通过3年的小组活动，现在大部分的体育项目我都会，而且我对自己的健康很有信心。

我参加了体育小组(○) → 我参加了运动小组(△)

生词

孤儿院 gū'éryuàn 명 고아원 | 照顾 zhàogù 동 돌보다 | 伤痕 shānghén 명 상처 | 不肯 bùkěn 동 ~하려 하지 않다 | 悲伤 bēishāng 형 마음이 아프다 | 阅读 yuèdú 동 (책을) 읽다 | 读后感 dúhòugǎn 명 독후감 | 学期 xuéqī 명 학기 | 表达 biǎodá 동 (자신의 사상이나 감정을) 나타내다, 표현하다 | 广告 guǎnggào 명 광고 | 代表 dàibiǎo 동 대표하다 | 团体 tuántǐ 명 단체 | 宣传 xuānchuán 동 홍보하다 | 市场销售 shìchǎng xiāoshòu 마케팅 | 交换 jiāohuàn 동 교환하다

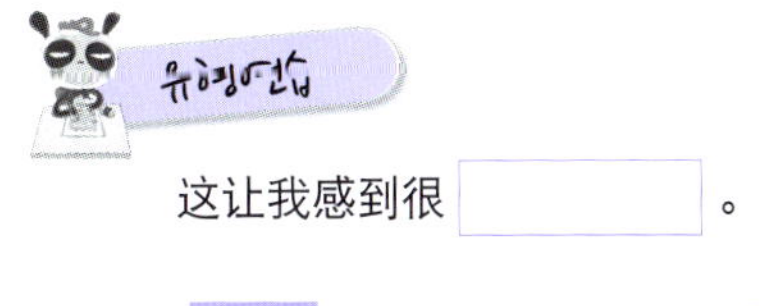

这让我感到很 ☐ 。

연습단어　　痛苦　　　快乐　　　感动　　　失望　　　绝望

失望 shīwàng 동 실망하다 | 绝望 juéwàng 동 절망하다

2 대학시절, 특별한 경험이 있습니까?

大学期间，你有过打工的经历吗？
上大学时，有过实习的经历吗？

▶ 꼭! 알아두기 **打工的经历** 아르바이트 경험 / **实习的经历** 인턴 경험

01 저는 식당에서 1년간 일하였습니다. 이를 통해 손님과 어떻게 소통해야 하는지를 깊이 있게 체험할 수 있었습니다.

我在一家饭馆工作了一年，这使我深深体会到了该怎么跟顾客沟通。

02 저는 야구장과 축구장에서 아르바이트했던 경험이 있습니다. 저의 활발한 성격 덕분에 서비스업무가 저에게 잘 맞았습니다. 또한 시야를 넓히고자 혼자서 유럽으로 한 달간 배낭여행도 다녀왔습니다. 여행을 통해 갑작스럽게 발생하는 일들을 어떻게 대처하고 처리해야 하는지를 배울 수 있었습니다. 이러한 점들은 제가 일을 할 때 더욱 침착하고 즐겁게 일할 수 있도록 할 것입니다.

我在棒球场和足球场打过工。我性格开朗，很适合在服务行业工作。而且为了开拓眼界，我一个人背包去欧洲进行了一个月的旅行。通过旅行，我学会了该怎么面对和处理一些突发情况，这会让我在工作中表现得更冷静和乐观。

我在棒球场和足球场打过工(○) → 我有在棒球场和足球场打工的经验(△)

03 대학교 3학년 시절, 저는 한국무역보험공사에서 2달간 인턴을 하였습니다. 그곳에서 해외투자부서의 업무와 함께 일본과 미국의 해외 무역투자보험 규정을 번역하였습니다. 그 시간 동안, 현장경험을 쌓을 수 있었을 뿐만 아니라 생활태도 등 학교에서 배울 수 없는 것들을 공부할 수 있었습니다.

大三的时候，我在韩国贸易保险公司实习过两个月。在那儿我负责海外投资部门的业务，并负责翻译日本、美国的海外贸易投资保险规则。在那段时间里我不仅积累了实践经验，而且也学到了生活态度等在学校里学不到的东西。

04 저는 중국에서 중국어를 공부할 때, 북경교육방송국에서 반년 동안 인턴을 했습니다. 그곳에서 중국인들이 어떻게 일하는지와 중국인들의 생활방식을 이해했습니다. 처음에는 그들의 업무방식이 잘 이해되지 않아 때로는 작은 일이 큰일이 되기도 하였습니다. 하지만 몇 달이 지나고 나서 그들의 생각과 태도를 천천히 이해하게 되었습니다. 이것은 저에게 소중한 경험입니다.

我在中国学中文的时候，在北京教育频道实习过半年。在那儿我不仅学到了中国人怎么工作，而且也了解了中国人的生活方式。一开始我不太理解他们的工作方式，有时会把小事搞大。但过了几个月后我慢慢地了解了他们的想法和态度。这是我很宝贵的经验。

05 제가 상해에서 어학연수를 하는 동안 한국 무역회사에서 4개월간 인턴생활을 할 기회가 있었습니다. 비록 몇 달 간이었지만 인턴생활을 통해 경험을 쌓았을 뿐만 아니라 외국문화와 생활을 체험할 수 있었습니다. 이것은 제게 깊은 인상을 남기게 되어 저는 해외에서 꼭 일을 해보고 싶습니다.

我在上海学语言的时候，有机会在一家韩国贸易公司参加过四个月的实习工作。虽然只是几个月的实习生活，但是我通过它积累了经验，体验了海外文化和生活。它给我留下了很深刻的印象。所以我非常希望能在国外工作。

06 대학교 2학년 때, 교환학생으로 홍콩에 갔었습니다. 당시 저는 유창한 중국어를 공부했을 뿐만 아니라 중국인의 사고방식과 일하는 스타일을 깊게 이해할 수 있었습니다. 그렇기 때문에 저는 중국 손님들에게 세심한 서비스를 할 수 있습니다.

我大二的时候，以交换生的身份去香港留学。在那段时间里，我不仅学会了说一口流利的汉语，还对中国人的思维方式和做事风格有了更多的了解。所以我可以为中国旅客提供周到的服务。

07 저는 대만에서의 연수기간 동안 해외봉사활동에 참여하면서 외국인과의 의사소통능력을 기를 수 있었으며, 또한 이와 더불어 외국인들의 삶의 태도를 배울 수 있었습니다. 이는 제 스스로 더 열심히 일하고 생활하는 데 자극이 되었습니다.

我在台湾培训期间，参加过海外志愿者活动，这提高了我和外国人的沟通能力。同时，我也学到了外国人的一些生活态度，这激励我更加努力地工作、生活。

🔍 生词

饭馆 fànguǎn 명 식당 | 体会 tǐhuì 동 체험하여 터득하다, 경험하여 알다 | 顾客 gùkè 명 고객 | 开朗 kāilǎng 형 명랑하다 | 开拓 kāituò 동 개척하다 | 眼界 yǎnjiè 명 시야, 안목 | 背包 bèibāo 명 배낭 | 欧洲 Ōuzhōu 명 (지명) 유럽 | 旅行 lǚxíng 동 여행하다 | 处理 chǔlǐ 동 처리하다 | 突发 tūfā 형 갑자기 발생하다 | 表现 biǎoxiàn 동 표현하다 | 冷静 lěngjìng 형 침착하다 | 乐观 lèguān 형 낙관적이다 | 保险 bǎoxiǎn 명 보험 | 负责 fùzé 동 책임지다 | 海外投资 hǎiwài tóuzī 해외투자 | 业务 yèwù 명 업무 | 翻译 fānyì 동 번역하다 | 规则 guīzé 명 규칙, 규정 | 频道 píndào 명 채널 | 理解 lǐjiě 동 알다, 이해하다 | 难忘 nánwàng 동 잊기 어렵다 | 体验 tǐyàn 명동 체험(하다) | 身份 shēnfen 명 신분, 지위 | 流利 liúlì 형 (말, 문장이) 유창하다 | 思维 sīwéi 명 사유 | 风格 fēnggé 명 스타일, 품격, 기질 | 提供 tígōng 동 제공하다 | 周到 zhōudào 동 세심하다, 꼼꼼하다 | 激励 jīlì 동 격려하다

면접 TIP

면접장에서는 모델이 되자!

면접장에 들어설 때에는 당당하게 입장하자. 면접관을 힐끔힐끔 쳐다보며 어수룩하게 입장하기보다는 허리를 꼿꼿하게 펴고 당당하고 자신감 있게 입장하는 것이 좋다.

1 당신의 졸업논문 주제는 무엇입니까?

你的论文主题是什么?

请说一下你论文的主题。

▶ 꼭! 알아두기   论文主题 논문 주제

01 한국경제와 중국경제의 의존성을 주제로 논문을 썼습니다.

我的论文是以韩中经济的依存关系为主题写的。

02 한국사람과 북한사람의 언어습관 차이에 대해 썼습니다.

我写的是韩国人和朝鲜人语言使用习惯的差异。

03 19세기 1980년대 홍콩영화가 한국영화산업에 끼친 영향에 대해 썼습니다.

我写的是19世纪80年代香港电影对韩国影视产业的影响。

04 한국인이 어떻게 중국어를 효과적으로 습득하는지에 대해 논문을 썼습니다.

我写的是韩国人怎样能更有效地学习汉语。

生词

论文 lùnwén 명 논문 | 主题 zhǔtí 명 주제 | 依存关系 yīcún guānxi 의존관계 | 朝鲜人 Cháoxiānrén 북한사람 | 差异 chāyì 명 차이 | 香港 Xiānggǎng 명 (지명) 홍콩 | 影视 yǐngshì 명 영화와 텔레비전 | 影响 yǐngxiǎng 명동 영향(을 주다) | 有效 yǒuxiào 형 효과가 있다

돌다리 질문 5

♪mp3-30

1 당신은 어떻게 중국어를 공부하였습니까?

你是怎样学习汉语的？
你的汉语是自学的吗？
你是在补习班学的汉语吗？

▶ 꼭! 알아두기 自学: 독학하다 / 补习班 학원

01 저는 학원에서 중국어를 배웠고, 지금은 제 생각을 중국어로 표현할 수 있습니다.

我是在补习班学的汉语，现在可以用汉语来表达自己的想法了。

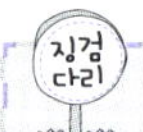

我是在学习班学的汉语(○) → 我是在学习班学习汉语的(△)

02 저는 한양대학교 경제학과를 졸업했고 북경외국어대학교에서 1년 동안 중국어 어학연수를 했습니다. 그래서 제 중국어 발음은 정확한 편입니다.

我毕业于汉阳大学经济系，在北京外国语大学学过一年汉语。所以我的汉语发音比较标准。

03 저는 중국학생과 함께 중국어를 공부했습니다. 그들은 저에게 중국어를 알려주었고, 저는 그들에게 한국어를 알려주었습니다. 매우 재미있었습니다!

我经常跟中国学生一起学习汉语。他们教我汉语，我教他们韩语，很有意思！

04 대학시절, 교환학생으로 중국에 유학을 다녀왔습니다. 유학을 다녀온 후에도 지금까지 열심히 중국어를 공부하고 있기 때문에 중국어에 자신이 있고 기본적으로 듣고 말하기에는 문제가 없습니다.

上大学时，我以交换生的身份到中国留学，至今仍坚持不懈地学习中文，因此对汉语很有信心，听和说基本上都没问题。

听和说基本上都没问题(○) → 基本上听和说没问题(△)

生词

补习班 bǔxíbān 학원 ｜ 至今 zhìjīn 부 지금까지, 여태껏

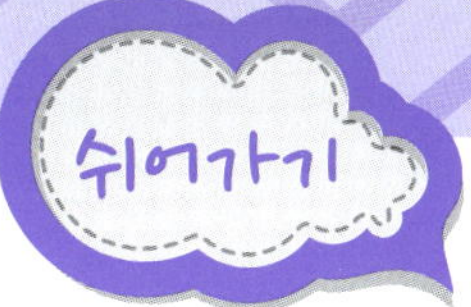

면접의 결과는 합격과 탈락만 있다?!

면접에서 가서 가장 많이 하는 실수는 바로 스스로 먼저 "나는 안 되겠다. 포기하자!"라는 태도입니다. 실제 면접에서는 어떤 일이 일어날까요? 대다수의 학생은 면접 중 자신이 모르는 질문을 받아서 답을 못했다거나, 혹은 옆에 지원자가 본인보다 월등한 지원자라고 생각하면 면접에 집중하지 못하고 바로 포기하는 경우가 많이 있습니다. 하지만! '면접' 그 현장에서 모든 것이 결정된다고 생각하나요? 정답은 NO! NO! NO! 입니다.

면접에서의 포기는 금물! 끝까지 최선을 다하자.

탈락에서 합격의 길로 **1**

△△항공사의 면접을 보았던 A학생은 안타깝게 최종 면접에서 실패의 고배를 마셔 그 뒤로 승무원의 길을 포기하고 다른 회사에 취업했습니다. 그런데 어느 날, A학생에게 한 통의 전화가 걸려왔습니다. 그 전화는 바로 A학생에게 '최종 면접을 볼 기회를 다시 주겠다'라는 △△항공사의 전화였습니다. A학생은 감사하는 마음으로 바로 면접에 참가하겠다고 했고, 다행히 면접을 잘 마무리하여 지금은 멋지게 △△항공사에서 승무원으로 근무하고 있답니다.

경우의 수가 많은 승무원 직종에서만 가능한 일이라고 생각하시나요? 그렇다면, 일반 기업의 면접을 본 B학생의 사례를 볼까요?

탈락에서 합격의 길로 **2**

중국어를 잘하던 B학생은 ○○대기업 요식업 부서 면접에 참가했습니다. 열심히 최선을 다해서 면접을 준비했던 B학생은 청년실업 문제가 심각했던 탓에 안타깝게도 면접에서 탈락의 고배를 마셨고, 또다시 취업준비 전쟁터로 뛰어들었습니다. 그렇게 남들보다 더 열심히 준비하던 어느 날, ○○대기업에서 걸려온 전화 한 통! "중국 지사로 나가 일할 수 있는 자리가 있는데 한번 일해 보겠느냐?"는 제안을 받았답니다.

'면접은 떨어지면 그냥 끝이지'라고 생각하고 있지 않으신가요?? 그저, 떨어지면 끝!인 면접이 아니라, 두 학생의 경우처럼 비록 처음에는 안타깝게 떨어트렸지만, 다시 연락해서 그 인재를 데려가고자 노력하는 기업들이 있다는 것을 잊지 말고, 모든 면접에서 최선을 다하시길 바랍니다! 이제 본인에게 주어진 면접에 어떻게 참가해야 하는지 감이 오시나요? 면접은 단순히 합격, 그리고 탈락만이 있는 것이 아니라는 사실을 깊이 명심하며 앞으로는 단 한 번의 기회도 놓치지 않는 여러분이 되시길 응원하겠습니다!

탈락에서 합격의 길로 가는 가장 중요한 비법

여러분, 면접에 가실 때 무엇을 준비해야 한다고 생각하나요?

면접준비를 시작하는 학생들한테 가장 먼저 시작하라고 하는 것은, 바로 미! 소! 연습입니다.

미소로 모든 승부를 걸자!

실제로 취업 전문지 조사를 따르면, 면접관님들이 지원자들의 면접을 치르고 난 후, 가장 오래 기억에 남는 지원자로는 예쁘고 멋있는 지원자가 아닌 얼굴에 웃음을 잃지 않고 밝은 모습을 보인 지원자라고 답해주었답니다. 단순히 스펙만 좋은 지원자만 찾고 있는 것이 아니라, 앞으로 나와 함께 한팀이 되어 항상 미소를 띠며 일할 수 있는 지원자를 찾기 때문이겠죠? 그럼 자연스럽게 얼굴에 미소를 지을 수 있는 연습을 시작해 볼까요?

01 자신의 얼굴을 너무 믿지 말고 하루 삼세번 거울을 보며 웃는 연습을 하자!

스스로는 웃고 있다고 할지라도 막상 다른 사람 눈에는 웃는 얼굴인지, 우는 얼굴인지 구분이 안 될 수 있다는 사실을 아시나요? 이제부터라도 꼭 거울을 보며 미소표정을 연습해 보세요!

02 '미소 + 정확한 발음 = 합격'이라는 공식을 잊지 말자!

아무리 해맑은 미소를 띠고 있다 할지라도, 면접관 질문에 답변을 할 때 표정이 굳어지거나 발음이 꼬인다면? 차라리 웃지 않는 게 낫겠죠? 지금 당장 입에 카드를 물고 다 함께 '치~즈~'를 수백번 연습해야 한다는 사실 잊지 마세요!

03 주변 인물부터 나의 아름다운 미소 매력에 취하게 하자!

만약 갑자기 얼굴에 미소를 띠며 상대방과 지속적으로 대화를 한다면, 당사자도 상대방도 얼굴이 홍당무가 되어 서로 민망할 수도 있으니, 일단 '가족–친구–지인–주변 인물' 순서로 미소대화를 연습하세요.

여러분도 본인이 누군가와 함께 일해야 한다면?! 그리고 짧은 기간이 아니라 장기적으로 오랫동안 누군가와 함께 일을 해야 한다면?! 어떤 지원자를 뽑아야 할지 예상이 되지 않으시나요?!

최근 기업 면접에 합격한 친구들에게 이런 연락을 받았습니다.

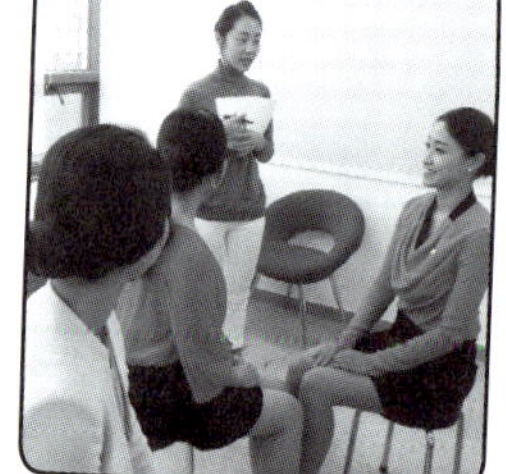

"선생님, 면접관님이 저보고 미소가 참 보기 좋다."고 칭찬해주셨어요,

"선생님, 제가 밝아 보여서 저를 뽑아주셨다."고 면접관님이 말씀해주셨어요.

서비스업뿐만 아니라 일반 분야에서도 미소와 밝은 모습을 칭찬해 주신다는 것! 면접을 준비할 때 미소준비도 꼭 필요하다는 사실! 이제 아시겠죠?^^

취미 및 특기
兴趣爱好与特长

돌다리 질문 1- **1** 취미가 무엇입니까?

돌다리 질문 1- **2** 자신의 특기를 설명해 보세요.

돌다리 질문 2- **1** 당신이 좋아하는 장르의 책은 무엇입니까?

돌다리 질문 2- **2** 가장 인상 깊었던 영화는 무엇입니까?

돌다리 질문 2- **3** 당신이 가장 좋아하는 스포츠는 무엇입니까?

돌다리 질문 2- **4** 여행 경험에 대해 말해보세요.

돌다리 질문 3- **1** 당신에게 일주일의 휴가가 주어진다면 무엇을 하겠습니까?

1 취미가 무엇입니까?

你的兴趣爱好是什么?
你有什么兴趣爱好?

▶ 꼭! 알아두기 **兴趣爱好** 취미

01 저는 어렸을 적부터 할아버지께 바둑을 배워 바둑 두는 것을 매우 좋아합니다. 고등학교 시절, 반 친구들은 제 바둑실력이 대단하다고 인정하였고, 반을 대표해서 교내바둑대회에 참가해 수상을 한 적도 있습니다.

我很喜欢下棋，是小时候爷爷教我下棋的。上高中的时候同学们都说我下棋的水平很高，我曾代表班级参加校内围棋大会并得了奖。

我下棋的水平很高(○) → 我下棋厉害(△)

02 휴식을 취할 때, 영화보는 것을 좋아합니다. 특히 중국영화를 좋아하는데, 유덕화 주연의 〈천장지구〉가 가장 기억에 남습니다. 아직도 유덕화와 오천련의 마지막 엔딩장면을 잊을 수가 없습니다.

闲暇时，我喜欢看电影，特别是中国电影，刘德华主演的《天若有情》给我留下了深刻的印象。到现在我都忘不了刘德华和吴倩莲他们俩的最后一个镜头。

到现在我都忘不了……一个镜头(○) → 到现在我还没忘记……一个镜头(△)

03 저는 자동차를 좋아합니다. 그래서 브랜드, 디자인, 성능 등 차에 대한 것이라면 모두 기꺼이 공부합니다. 제가 가장 좋아하는 차종은 스포츠카입니다.

我喜欢车。只要和车有关的知识，包括品牌、款式、性能等我都想去学习。我最喜欢的车型是跑车。

我都想去学习(○) → 我都喜欢去学习(△)

04 저는 독서를 좋아해서 거의 매주 도서관에 가서 책을 빌립니다. 보통 철학책이나 명작을 좋아합니다. 책을 읽으면 마음이 안정될 뿐만 아니라 지식도 쌓을 수 있습니다. 책은 저의 좋은 친구입니다.

我喜欢读书，几乎每周都到图书馆去借书。我比较喜欢哲理方面的书籍和名著。看书不仅让我内心平静，还能增长知识。书是我的好朋友。

05 저는 배드민턴을 좋아합니다. 어린 시절 형이 배드민턴 치는 모습을 자주 보았고, 작은 공이 리듬을 타며 형의 손에서 날아다니는 모습이 매우 매력적이었습니다. 그때부터 저는 배드민턴을 좋아하게 되었고 지금은 매주 친구나 가족들과 함께 배드민턴을 치러 갑니다. 배드민턴은 체력을 단련할 수 있을 뿐만 아니라, 제 삶의 활력소가 되고 있습니다.

我喜欢羽毛球。小时候经常看哥哥打羽毛球，看着小球有节奏地在哥哥手中来来回回，我深深地被吸引住了。从那时起我就开始喜欢上了打羽毛球。现在，我每周都会和朋友或家人一起去打羽毛球。它不仅能锻炼身体，而且让我的生活变得更有活力。

06 저는 야구경기 보는 것을 좋아합니다. 야구장에만 가면 가슴이 뛰는 것이 참 신기합니다. 이유는 모르겠지만, 저는 줄곧 야구경기 보는 것을 좋아했습니다. 고민이 있을 때, 야구장에 가서 소리를 한 번 지르면 모두 잊을 수 있습니다. 오늘 면접이 끝나면 야구를 보러 가야겠습니다.

我喜欢看棒球比赛。一到赛场，我就能听到自己的心跳声，很神奇。不知为什么，我一直很喜欢看棒球比赛。有什么心事时，到棒球场去大喊一番就都能忘掉。今天面试结束后，我要去看比赛。

到棒球场去大喊一番就都能忘掉(○) → 到棒球场喊叫一下就都能忘掉(△)

📖 生词

下棋 xiàqí 동 바둑을 두다 | 曾 céng 부 일찍이, 이미 | 闲暇 xiánxiá 명 한가한 시간 | 刘德华 Liú Déhuá 인명 유덕화 | 主演 zhǔyǎn 동 주연하다 | 天若有情 Tiānruò yǒuqíng 천장지구 | 吴倩莲 Wú Qiànlián 인명 오천련 | 最后镜头 zuìhòu jìngtóu 라스트신 | 包括 bāokuò 동 포함하다, 포괄하다 | 品牌 pǐnpái 명 브랜드 | 款式 kuǎnshì 명 스타일, 디자인 | 性能 xìngnéng 명 성능 | 车型 chēxíng 명 차량 모델 | 跑车 pǎochē 명 스포츠카 | 哲理 zhélǐ 명 철학적 이치 | 书籍 shūjí 명 서적, 책 | 平静 píngjìng 형 조용하다, 차분하다 | 羽毛球 yǔmáoqiú 명 배드민턴 | 节奏 jiézòu 명 리듬, 박자 | 吸引 xīyǐn 동 매료 시키다, 끌어 당기다 | 锻炼身体 duànliàn shēntǐ 체력을 단련하다 | 活力 huólì 명 활력, 생기 | 心跳 xīntiào 동 심장이 뛰다 | 神奇 shénqí 형 신기하다 | 番 fān 양 회, 차례, 번 | 忘掉 wàngdiào 동 잊어버리다

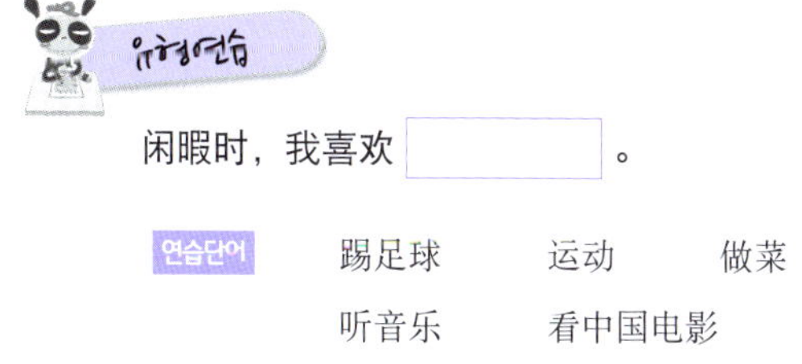

闲暇时，我喜欢 ⬜ 。

연습단어   踢足球   运动   做菜
         听音乐   看中国电影

2 자신의 특기를 설명해 보세요.

请说一下你的特长。
你的特长是什么?

▶ 꼭! 알아두기 特长 특기

01 저는 피아노를 잘 칩니다. 때때로 피아노를 치면서 스트레스를 해소하기도 합니다.

我的特长是弹钢琴。有时我通过弹琴来缓解压力。

---

02 저는 중국어 실력이 뛰어납니다. 대학시절 중국에서 1년간 어학연수를 하면서 많은 중국친구를 사귀었습니다. 한국에 돌아온 뒤에는 신HSK 6급을 취득하였습니다.

我汉语水平比较高。大学期间在中国留过一年学，交了很多中国朋友。回国后我获得了新汉语水平考试(新HSK)6级证书。

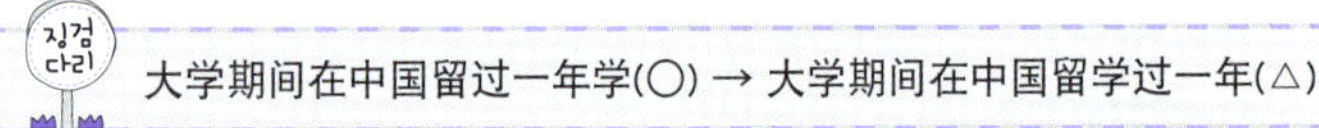

03 작년, 저는 북경외국어대학교 중문학과를 졸업하였습니다. 15살 때에는 교환학생으로 미국에 건너가 그곳에서 고등학교를 다니기도 하였습니다. 그래서 중국어뿐만 아니라 영어도 유창하게 합니다.

去年，我从北京外国语大学中文专业毕业。十五岁的时候，我以交换生的身份到美国留学，在美国上了高中。因此我不但会说汉语，而且会说一口流利的英语。

---

04 저의 아버지께서 외교관이셨기 때문에, 15살까지 외국에서 살았습니다. 그래서 영어를 잘하고, 외국인과 유창하게 대화할 수 있습니다.

由于爸爸是外交官，15岁之前，我一直生活在国外。因此英语水平很高，和外国人能流利地交谈。

05 저는 컴퓨터를 능숙하게 다룰 수 있습니다. 특히 엑셀, 워드, 포토샵 등과 같은 소프트웨어를 제대로 활용할 수 있을 뿐만 아니라 소프트웨어나 하드웨어에 자주 발생하는 문제들을 스스로 해결하기도 합니다.

我能熟练操作计算机，尤其是Excel，Word，Photoshop等软件。除此以外，我还能解决一些常见的软硬件故障。

06 저는 운동신경이 좋은 편이어서 운동하는 것을 매우 좋아합니다. 특히 수영을 잘하며 대학 다닐 때에는 방학 때마다 체육관에서 아이들에게 수영을 가르치는 아르바이트를 하기도 했습니다.

我在体育方面比较有才赋，所以我非常喜欢运动。特别擅长游泳。上大学时，每次放假我都会在体育馆打工，教孩子们游泳。

我在体育方面比较有才赋(○) → 我运动神经比较发达(△)

🔍 生词

特长 tècháng 명 특기 | **弹** tán 동 (악기를) 연주하다 | **钢琴** gāngqín 명 피아노 | **缓解** huǎnjiě 동 완화되다, 풀어지다 | **获得** huòdé 동 취득하다, 얻다 | **外交官** wàijiāoguān 명 외교관 | **一直** yìzhí 부 계속, 줄곧 | **熟练** shúliàn 형 능숙하다 | **操作** cāozuò 동 조작하다, 다루다 | **计算机** jìsuànjī 명 컴퓨터 | **尤其** yóuqí 부 특히 | **软件** ruǎnjiàn 명 소프트웨어 | **解决** jiějué 동 해결하다 | **常见** chángjiàn 형 흔한 | **硬件** yìngjiàn 명 하드웨어 | **故障** gùzhàng 명 (기계 등의) 고장 | **才赋** cáifù 명 타고난 재능 | **擅长** shàncháng 동 뛰어나다 | **游泳** yóuyǒng 명동 수영(하다) | **体育馆** tǐyùguǎn 명 체육관

유형연습

我的特长是 ⬚ 。

연습단어

| 汉语 | 英语 | 日语 |
| 跳舞 | 拉小提琴 | 画画儿 |

拉 lā 명 켜다, 연주하다 | **小提琴** xiǎotíqín 명 바이올린

1 당신이 좋아하는 장르의 책은 무엇입니까?

你喜欢阅读哪种类型的书籍?

你喜欢看哪种类型的书?

▶ 🔵꼭 알아두기   阅读书籍 책을 보다

01 거의 모든 종류의 소설을 좋아하지만 특히 추리소설을 좋아합니다. 사건의 실마리를 풀어가는 과정이 아주 재미있습니다.

所有类型的小说我都喜欢看，尤其是推理类型的，解开事件谜团的过程很有意思。

02 저는 자서전을 즐겨 읽습니다. 자서전을 보면 주인공 일생의 경험을 이해할 수 있을 뿐만 아니라, 많은 가치있는 것을 배울 수 있습니다. 저는 자서전을 읽는 것이 제 삶에 매우 도움이 된다고 생각합니다.

我喜欢看自传类的书籍。看自传不但可以了解主人公一生的经历，还可以学到很多有价值的东西。我认为阅读自传类小说对我的人生有很大帮助。

03 저는 역사 서적에 관심이 많습니다. 왜냐하면 미래에 대해서는 단지 추측할 수 밖에 없지만, 역사는 이미 일어난 일들이기 때문입니다. 그래서 저는 위인전기와 역사소설 같은 책을 좋아합니다.

我对历史类书籍非常感兴趣。因为对未来我们只能预测，但是历史是已经发生的事情。所以我很喜欢看伟人传记和历史类小说。

 喜欢看……和历史类小说(○) → 喜欢看……和历史小说之类的书籍(△)

🔍 **生词**

类型 lèixíng 몡 유형 | 书籍 shūjí 몡 서적 | 推理 tuīlǐ 몡 추리 | 解开 jiěkāi 동 (매듭 따위를) 풀다 | 谜团 mítuán 몡 수수께끼 | 自传 zìzhuàn 몡 자서전 | 价值 jiàzhí 몡 가치 | 预测 yùcè 동 예측하다 | 伟人传记 wěirén zhuànjì 위인전기

2 가장 인상 깊었던 영화는 무엇입니까?
哪些电影给你的印象最深刻?
你最喜欢看什么电影?

▶ 꼭! 알아두기　给你的印象最深刻 너에게 깊은 인상을 주다

01 저는 애니메이션을 좋아합니다. 특히 디즈니의 옛날 애니메이션을 즐겨보는 편입니다. 그중에서도 가장 기억에 남는 영화는 20여 년 전에 상영한 〈라이언 킹〉으로 여전히 가끔 생각나는 영화입니다.

我很喜欢看动画片，特别是迪士尼的老电影。其中印象最深的就是20多年前上映的《狮子王》，我偶尔还会重温一下。

02 가장 인상 깊었던 영화는 〈타이타닉〉입니다. 〈타이타닉〉이 최고의 영화라는 것은 의심할 여지가 없습니다. 특히 남녀주인공이 뱃머리에 서서 '두 팔을 벌려 바람을 맞는' 장면이 가장 기억에 남습니다.

《泰坦尼克号》是对我来说印象最深刻的电影。《泰坦尼克号》堪称经典是毋庸置疑的。特别是男女主角站在船头"迎风飞翔"的场景让我难以忘怀。

03 저는 성룡 영화를 가장 좋아합니다. 그가 주연한 대부분의 영화를 보았는데, 성룡의 영화에는 웃음과 감동이 있어서 좋습니다. 성룡은 영화를 찍을 때, 아무리 위험한 장면이라도 대역 없이 직접 연기를 하는 영화에 대한 그의 열정이 저는 매우 인상적입니다.

我喜欢看成龙主演的电影。他主演的电影我几乎都看过，他的电影既搞笑又感人，我非常喜欢。成龙拍戏时，再危险的场景都坚持亲自拍摄不找替身，他对电影的激情给我留下了深刻的印象。

04 저는 봉준호 감독의 영화를 가장 좋아합니다. 그는 한국에서 가장 유명한 감독 중 하나로, 그가 찍은 영화는 다 봤습니다. 그중에서도 〈마더〉와 〈괴물〉이 가장 기억에 남습니다. 그리고 〈설국열차〉도 매우 좋아합니다.

我最喜欢奉俊昊导演的电影。他是韩国最著名的导演之一，凡是他导演的电影我都会去看。他拍的电影中印象最深的是《母亲》和《汉江怪物》。我还很喜欢《雪国列车》这部电影。

05 저는 예전에 〈관상〉이라는 영화를 봤습니다. 이 영화의 주요내용은 얼굴을 통해 한 사람의 인생을 간파할 수 있다는 것입니다. 영화에서는 용모의 중요성과 부작용을 동시에 묘사하고 있습니다. 특히 남자주인공의 연기가 아주 훌륭해서 매우 인상적이었습니다. 이 영화를 아직 보시지 않으셨다면 한 번 보시길 강력히 추천합니다!

我以前看过一部电影叫《观相》。它主要讲的是通过外表能看出一个人的一生的故事。电影中描写了面相的重要性，也描写了面相的副作用。特别是男主角的演技非常好，他给我留下了很深刻的印象。如果你们还没看过这部电影的话，我强烈推荐你们去看看！

生词

迪士尼 Díshìní 디즈니 | **上映** shàngyìng 동 (영화를) 상영하다 | **狮子王** Shīziwáng 라이언 킹 | **重温** chóngwēn 동 되새기다, 상기하다 | **泰坦尼克号** Tàitǎnníkè hào 타이타닉 | **堪称** kānchēng 동 ～라고 할 만하다 | **经典** jīngdiǎn 명 고전, 권위 있는 작품 | **毋庸置疑** wúyōng zhìyí 사실이 분명하여 이유가 충분하다 | **主角** zhǔjué 명 주연(배우), 주인공 | **船头** chuántóu 명 뱃머리 | **忘怀** wànghuái 동 잊다 | **成龙** Chéng Lóng 인명 성룡 | **搞笑** gǎoxiào 동 웃기다 | **拍戏** pāixì 동 영화나 드라마를 촬영하다 | **危险** wēixiǎn 형 위험하다 | **场景** chǎngjǐng 명 (영화, TV 드라마 등의) 장면 | **拍摄** pāishè 동 촬영하다, (사진을) 찍다 | **替身** tìshēn 명 스턴트맨, 대역 | **激情** jīqíng 명 격정, 열정적인 감정 | **奉俊昊** Fèng Jùnhào 인명 봉준호 | **导演** dǎoyǎn 동 연출하다 | **拍** pāi 동 촬영하다 | **汉江怪物** Hànjiāng guàiwu 괴물 | **雪国列车** Xuěguó lièchē 설국열차 | **观相** Guānxiàng 관상 | **描写** miáoxiě 동 묘사하다 | **副作用** fùzuòyòng 명 부작용 | **演技** yǎnjì 명 연기 | **推荐** tuījiàn 동 추천하다

유형연습

我最喜欢看 ______ 。

연습단어
动作片	恐怖片	喜剧片
音乐歌舞片	灾难片	爱情片

动作片 dòngzuòpiàn 명 액션영화 | **恐怖片** kǒngbùpiàn 명 공포영화 | **灾难片** zāinánpiàn 명 재난영화

3 당신이 가장 좋아하는 스포츠는 무엇입니까?

你最喜欢的运动是什么?
你最喜欢什么运动?

▶ 꼭! 알아두기 **运动** 운동, 운동하다

01 저는 축구경기 보는 것을 매우 좋아합니다. 저는 운동을 직접하는 것보다는 TV나 경기장에 가서 관람하는 것을 더 좋아합니다. 한국 축구가 4강에 진출했던 2002년 월드컵 당시, 한국팀을 응원하기 위해 직접 경기장을 찾았던 것이 가장 기억에 남습니다.

我很喜欢观看足球比赛。与自己运动相比，我更喜欢看电视或者去赛场看比赛。2002年世界杯韩国队进入4强的时候，为了给韩国队加油我去了比赛现场，这给我留下了深刻的印象。

02 저는 농구를 좋아합니다. 어렸을 적 어머니께서 저를 농구반에 등록시켜주셨고, 그곳에서 많은 농구기술을 배우며 농구를 잘하게 되었습니다. 그때부터 지금까지 줄곧 농구를 즐기고 있으며, 농구할 때 흘리는 땀이 아주 상쾌합니다.

我喜欢篮球。小时候妈妈给我报了一个篮球班，在那里我学到了打篮球的技巧，并且打得也不错。从那时起我就一直喜欢打篮球，打球的时候会流很多汗，感觉很爽。

03 스키 타는 것을 좋아합니다. 스키 탈 때 빠르고 느리게 속도를 조절하는 자유로움을 만끽 할 수 있고 빨리 달릴 때는 날아가는 듯한 느낌을 받기도 합니다. 스키는 용감한 자만이 즐길 수 있는 스포츠라고 생각합니다. 정말 짜릿하고 재미있습니다.

我很喜欢滑雪。滑的时候想快就快，想慢就慢，非常自由，快的时候有一种飞起来的感觉。我认为滑雪是勇敢者的运动，又刺激又好玩儿。

快的时候有一种飞起来的感觉(○) → 快的时候有一种飞的感觉(△)

04 제가 가장 좋아하는 스포츠는 배드민턴입니다. 배드민턴은 체력을 단련할 수도 있고, 정신건강에도 매우 좋습니다. 저는 배드민턴 선수 중 올림픽 금메달리스트인 이용대 선수를 가장 좋아하며, 그의 경기를 볼 때마다 항상 손에 땀을 쥡니다.

我最喜欢的运动就是打羽毛球。打羽毛球不仅可以锻炼身体，还有利于精神健康。我最喜欢的羽毛球运动员是奥运冠军李龙大，每次看他打比赛时都很紧张。

> 我最喜欢的羽毛球运动员是(○) → 我最喜欢的羽毛球选手是(△)

05 저는 등산을 좋아합니다. 등산은 몸에 좋을 뿐만 아니라, 스트레스를 해소하는 데도 큰 도움이 됩니다. 그래서 저는 매주 일요일마다 근교에 등산을 하러 갑니다.

我喜欢爬山。爬山不仅对身体有好处，而且对解压也挺有帮助。所以我几乎每个星期天都去近郊爬山。

🔍 生词

观看 guānkàn 동 관람하다, 보다 ｜ 世界杯 Shìjièbēi 명 월드컵 ｜ 加油 jiāyóu 동 응원하다 ｜ 技巧 jìqiǎo 명 기교, 테크닉 ｜ 流汗 liúhàn 동 땀을 흘리다 ｜ 爽 shuǎng 형 상쾌하다, 시원하다 ｜ 滑雪 huáxuě 명동 스키(를 타다) ｜ 勇敢 yǒnggǎn 형 용감하다 ｜ 刺激 cìjī 동 흥분시키다, 자극하다 ｜ 好玩儿 hǎowánr 재미있다 ｜ 精神 jīngshén 명 정신 ｜ 奥运 àoyùn 명 올림픽 ｜ 冠军 guànjūn 명 챔피언, 우승자 ｜ 紧张 jǐnzhāng 형 (정신적으로) 긴장해 있다. 불안하다 ｜ 爬山 páshān 동 등산하다 ｜ 解压 jiěyā 스트레스를 풀다 ｜ 近郊 jìnjiāo 명 근교

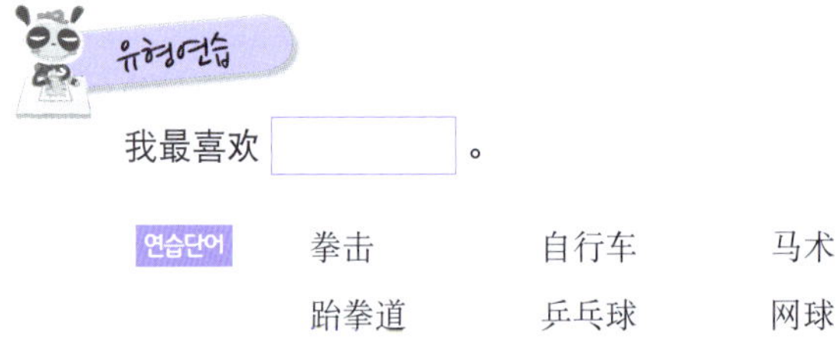

유형연습

我最喜欢 ________ 。

연습단어

拳击	自行车	马术
跆拳道	乒乓球	网球

拳击 quánjī 명 권투, 복싱 ｜ 马术 mǎshù 명 승마 ｜ 跆拳道 tàiquándào 명 태권도

4 여행 경험에 대해 **말해 보세요.**

请说一下你的旅游经验。
说说自己印象最深刻的一次旅行吧。

▶ 꼭! 알아두기　旅游 / 旅行 여행하다

---

01 중국에서 유학하던 중 사천성의 성도와 아미산에 간 적이 있습니다. 성도의 아름다운 풍경과 독특한 지역 특색이 저에게는 매우 인상적이었습니다. 특히 강 주변을 따라 이어지는 간이식당에서 판매하는 매우 많은 맛있는 음식들이 기억에 남습니다. 아미산은 더 재미있는 곳이었습니다. 산에는 사람들을 무서워하지 않고 종종 사람들에게 와 먹을 것을 달라고 하는 원숭이들이 많았습니다.

我在中国留学的时候，到过四川省的成都和峨嵋山。成都美丽的风景和独特的地域特色给我留下了深刻的印象，尤其是江边一连串的小吃店出售的无数美食。峨眉山更好玩儿了，山上有很多猴子，它们一点儿也不怕陌生人，常常围着人要东西吃。

---

02 저는 종종 혼자 여행을 즐깁니다. 혼자 하는 여행은 스스로 시간과 갈 곳을 정할 수 있기 때문에 마음대로 돌아다닐 수 있습니다. 최근에는 일본으로 여행을 갔는데, 일본 스시와 생선회, 온천, 쇼핑 등 매우 즐거운 여행이었습니다.

我常常独自去旅游，这样可以自己定时间和去的地方，想去哪儿就去哪儿。最近我去了一趟日本，吃寿司，吃生鱼片，洗温泉，逛街，都很有意思。

我常常独自去旅游(○) → 我常常独自旅游(△)

---

03 올해 친구와 함께 백두산에 다녀왔습니다. 5월이었지만 백두산에는 대설이 내렸습니다. 심한 눈보라로 인해 천지는 대설로 하얗게 뒤덮였고 아무것도 보이지 않았지만, 천지의 아름답고도 독특한 설경을 감상할 수 있었습니다. 정말로 잊을 수 없는 여행이었습니다.

今年，我和朋友一起去了白头山。虽然是5月份，但是山上却下着大雪。由于风雪太大，天池被大雪覆盖，白茫茫一片，什么也看不清，但我们却欣赏到了天池美丽独特的雪景，这是我最难忘的一次旅行。

04 저는 중국 산서성의 대동을 여행한 적이 있습니다. 가장 기억에 남는 곳은 운강석굴과 현공사입니다. 운강석굴은 중국의 3대 석굴 중 하나로 매우 아름다운 불상들이 신비로운 매력을 발산합니다. 현공사는 절벽에 지어진 사찰이었기 때문에 보고만 있어도 아찔한 곳으로, 올라갈 때도 무서웠지만 올라가서는 더 무서웠습니다. 저는 나중에 어떤 곳을 여행하더라도 현공사는 절대 잊혀지지 않을 것 같습니다.

我去过中国山西省的大同，印象最深的是云冈石窟和悬空寺。云冈石窟是中国三大石窟之一，精美的佛像散发着神秘的气息。因为悬空寺是建在悬崖上的寺庙，所以一看就让人感到眩晕。爬的时候害怕，爬到上面后更害怕。我想以后无论我去什么地方，都不会忘掉悬空寺。

所以一看就让人感到眩晕(○) → 所以光看就让人感到眩晕(△)

05 저는 예전에 상해를 다녀온 적이 있습니다. 상해에는 관광명소가 많은데 특히 야경이 매우 아름답습니다. 와이탄의 풍경은 중국의 과거, 현재, 미래를 보여줍니다. 나중에 기회가 된다면 다시 한 번 가보고 싶습니다.

我以前去过上海。上海有很多旅游景点，特别是夜景很美丽。外滩的风景展现出中国的过去，现在和未来。以后有机会还想再去一次。

生词

四川 Sìchuān 명 (지명) 사천 | 成都 Chéngdū 명 (지명) 성도(사천성의 성도) | 峨嵋山 Éméishān 명 아미산(사천성에 위치한 산 이름) | 独特 dútè 형 독특하다, 특별하다 | 地域 dìyù 명 지역 | 特色 tèsè 명 특색, 특징 | 一连串 yīliánchuàn 형 이어지는 | 无数 wúshù 형 무수하다, 매우 많다 | 猴子 hóuzi 명 원숭이 | 独自 dúzì 부 혼자서, 홀로 | 寿司 shòusī 명 스시 | 生鱼片 shēngyúpiàn 명 생선회 | 温泉 wēnquán 명 온천 | 逛街 guàngjiē 동 쇼핑하다 | 白头山 báitóushān 명 백두산 | 风雪 fēngxuě 명 바람과 눈, 눈보라 | 天池 tiānchí 천지 | 覆盖 fùgài 동 뒤덮다 | 白茫茫 báimángmáng 형 온통 새하얀 모양 | 欣赏 xīnshǎng 동 감상하다 | 山西省 Shānxīshěng 명 (지명) 산서성 | 大同 Dàtóng 명 (지명) 대동(산서성에 있는 도시) | 云冈石窟 Yúngāng shíkū 운강석굴 | 悬空寺 Xuánkōngsì 현공사 | 精美 jīngměi 형 아름답다 | 佛像 fóxiàng 명 불상 | 散发 sànfā 동 발산하다, 퍼지다 | 神秘 shénmì 형 신비하다 | 气息 qìxī 명 숨결, 정취 | 悬崖 xuányá 명 낭떠러지, 벼랑 | 寺庙 sìmiào 명 사원, 절 | 眩晕 xuànyùn 동 어지럽다 | 害怕 hàipà 동 무서워하다 | 上海 Shànghǎi 명 (지명) 상해 | 旅游景点 lǚyóu jǐngdiǎn 관광명소 | 夜景 yèjǐng 명 야경 | 外滩 Wàitān 명 (지명) 와이탄(상해의 빌딩구역) | 展现 zhǎnxiàn 동 나타나다, 드러내다

1 당신에게 일주일의 휴가가 주어진다면 무엇을 하겠습니까?

如果你有一周的假期，你最想做什么？
如果给你一周的假期，你会怎么安排？

▶ 꼭 알아두기 **假期** 휴가기간

01 만약 일주일의 휴가가 주어진다면, 집에서 쉬며 누가 깨우지 않을 때까지 충분히 자고 싶습니다.

如果可以休假一周，我想在家休息，睡觉睡到自然醒。

02 오랫동안 연락하지 못한 친구와 만나고 싶습니다.

我会和很久没联系的朋友见面。

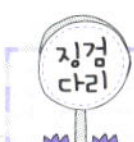

집검
다리 很久没联系(○) → 很久不联系(△)

03 저는 한 번도 일출을 본 적이 없습니다. 만약 일주일의 휴가가 주어진다면, 먼저 정동진에 가서 일출을 보고 가족과 함께 드라이브하러 갈 것입니다.

我从来没看过日出。如果休假一周，我会先到正东津看日出，然后和家人一起开车去兜风。

04 가장하고 싶은 것은 여행입니다. 만약 일주일의 휴가가 주어진다면 몰디브, 발리와 같은 섬에 가서 아름다운 풍경을 보면서 쉴 것입니다.

我最想去旅游。如果有一周的假期，我会去类似马尔代夫、巴厘岛一样的小岛，边欣赏美丽的景色边悠闲的休息。

05 만약 일주일의 휴가를 준다면, 저는 고향에 가는 걸 선택하겠습니다. 집을 떠나 일을 해서 가족과 함께 하는 시간이 적기 때문에 휴식의 기회가 주어진다면, 저는 가족과 함께 하는 것을 선택하겠습니다.

如果有一周的假期，我会选择回老家。因为在外面工作，与家人一起过的时间比较少，所以一旦有休假的机会，我就会选择和家人一起度过。

🔍 生词

假期 jiàqī 명 휴가기간 | 休假 xiūjià 동 쉬다 | 醒 xǐng 동 잠에서 깨다 | 联系 liánxì 동 연락하다 | 日出 rìchū 명동 일출 (하다) | 正东津 Zhèngdōngjīn 명 (지명) 정동진 | 兜风 dōufēng 동 바람을 쐬다 | 类似 lèisì 형 비슷하다 | 马尔代夫 Mǎ'ěrdàifū 명 (지명) 몰디브 | 巴里岛 Bālǐdǎo 명 (지명) 발리 | 悠闲 yōuxián 형 한가하다, 여유롭다 | 选择 xuǎnzé 동 선택하다 | 度过 dùguò 동 (시간을) 보내다

유형연습

如果可以休假一周，我想 ⬜ 。

연습단어　　跟妈妈去旅游　　去回老家　　找多年没见的朋友　　去度假村

度假村 dùjiàcūn 명 휴양지

면접현장 대화 Scene 5

취미 및 특기 1

면접관 평소 시간이 나면 보통 무엇을 하면서 보내나요?
你平时有空的时候一般做什么？

면접자 저는 책 보는 것을 좋아해서 거의 매주 도서관에 가서 책을 빌립니다.
我很喜欢看书，几乎每周都到图书馆去借书。

면접관 당신이 좋아하는 장르의 책은 무엇입니까？
你喜欢看哪种类型的书？

면접자 소설책을 좋아합니다. 특히 추리소설을 가장 좋아하는데, 사건의 실마리를 풀어가는 과정이 아주 재미있습니다.
我很喜欢看小说。尤其是最喜欢看推理类型旳，解开事件谜团的过程很有意思。

면접관 특기는 무엇인가요？
你的特长是什么？

면접자 저는 운동신경이 좋은 편이어서 운동하는 것을 매우 좋아합니다. 특히 수영을 잘합니다.
我在体育方面比较有才赋，所以我非常喜欢运动。特别擅长游泳。

면접관 그럼 일주일의 휴가가 주어진다면 무엇을 하겠습니까？
那么如果你有一周的假期，你最想做什么？

면접자 지금 가장하고 싶은 것은 여행을 가는 것입니다. 만약 일주일의 휴가가 주어진다면 몰디브나 발리 같은 조용한 섬에 가서 푹 쉬면서 책을 읽고 싶습니다.
现在我最想夫旅游。如果有　周的假期，我会去类似马尔代夫、巴厘岛一样安静的小岛，一边好好儿休息一边看书。

면접현장 대화 Scene 6

취미 및 특기 2

면접관 취미가 무엇인가요?

你的兴趣爱好是什么?

면접자 저는 영화 보는 것을 좋아합니다. 그래서 영화를 보러 자주 갑니다.

我喜欢看电影。所以我常常去看电影。

면접관 어떤 장르의 영화를 좋아하나요?

你喜欢看哪种类型的电影?

면접자 공포영화를 제외하고 장르에 상관없이 모든 영화를 즐겨보는 편입니다. 특히 중국영화를 좋아하는데, 유덕화 주연의 〈천장지구〉가 가장 기억에 남습니다. 아직도 유덕화와 오천련의 마지막 엔딩장면을 잊을 수가 없습니다.

除了恐怖片，无论哪种类型，我都喜欢看。特别是中国电影，刘德华主演的《天若有情》给我留下了深刻的印象。到现在我都忘不了刘德华和吴倩莲他们俩的最后一个镜头。

면접관 자신이 본 영화 중에, 저에게 추천 할 만한 것이 있나요?

在你看过的电影中，有没有给我推荐一下?

면접자 예전에 〈관상〉이라는 영화를 봤습니다. 영화의 소재가 독특하고 줄거리가 탄탄할 뿐만 아니라 남자주인공의 연기가 아주 훌륭해서 매우 인상적이었습니다. 이 영화를 아직 보시지 않으셨다면 한 번 보시길 강력히 추천합니다!

我以前看过一部电影叫《观相》。不但电影的素材既独特，故事也周密坚实，而且男主角的演技非常好，他给我留下了很深刻的印象。如果你们还没看过这部电影的话，我强烈推荐你们去看看!

면접관 나중에 꼭 한 번 봐야겠네요.

我以后一定去看看。

6장 스마트 중국어 면접

업무능력
工作能力

① 본인의 중국어 실력은 어떻습니까?

你的汉语水平怎么样?

你汉语说得怎么样?

▶ 꼭 알아두기 　你的……水平怎么样 당신의 ~ 실력은 어떻습니까

01 일상적인 중국어 소통은 거의 문제가 없습니다. 하지만 중국어 실력을 더 향상하기 위해 계속해서 열심히 공부할 것입니다.

日常交流几乎没问题，不过我会继续努力提高自己的汉语水平。

02 저는 현재 매주 주말마다 학원에 가서 중국어를 공부하고 있습니다. 아직 중국어를 잘하지는 못하지만 중국어 공부가 정말 좋습니다. 학습과정이 끝나면 중국친구들과 유창하게 대화할 수 있기를 바라고 있습니다.

我正在学习汉语，每个周末去补习班学习。现在虽然中文说得还不是很好，但是我非常喜欢学习汉语，希望课程结束后能流利地与中国朋友交流。

03 중국어를 전공했기 때문에 중국어를 유창하게 할 수 있습니다. 제 중국어 실력으로 충분히 업무를 담당할 수 있으리라 확신합니다.

因为我的专业是汉语，所以我可以说一口流利的汉语。我相信我的汉语水平能让我胜任这项工作。

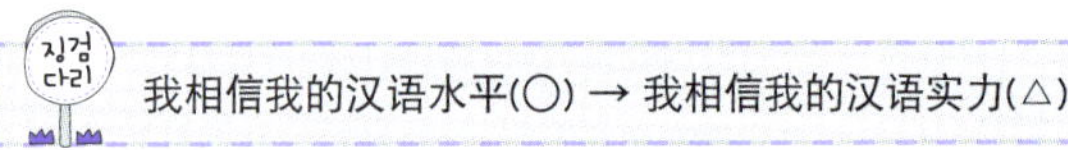

04 저는 중국에서 대학을 다녔습니다. 그래서 중국어에 자신이 있으며 중국인과 거리낌 없이 대화할 수 있습니다.

我是在中国读的大学，所以对自己的汉语水平很有信心，而且和中国人可以很流利地交谈。

05 저는 현대사회에서 가장 중요한 것은 커뮤니케이션능력이라고 생각합니다. 세계 경제가 일체화되어감에 따라, 한가지 언어만을 구사하는 것은 여러모로 부족합니다. 그래서 저는 중국어 배우는 것을 중요시하였고, 현재 신HSK 6급 자격증을 가지고 있습니다. 앞으로 업무를 수행하는 데 있어, 저의 언어능력이 반드시 도움이 되리라 확신합니다.

我认为当今社会最重要的就是交流能力。随着全球经济的一体化，只掌握一种语言是远远不够的，所以我很重视学习汉语，现在我已经拿到了新汉语水平考试(新HSK)6级证书。我相信我的语言能力对今后的工作会有帮助。

🔍 生词

交流 jiāoliú 동 교류하다 | **继续** jìxù 동 계속하다 | **课程** kèchéng 명 교육과정 | **胜任** shèngrèn 동 (업무를) 감당하다 | **交谈** jiāotán 동 이야기 나누다 | **随着** suízhe 동 ~에 따라 | **掌握** zhǎngwò 동 숙달하다 | **重视** zhòngshì 동 중시하다

유형연습

我正在学习 ________ ，每个周末去学习班学习。

연습단어　日语　　法语　　英语　　西班牙语

2 중국어 공부할 때의 어려움을 어떻게 극복하였습니까?

你如何克服汉语学习的困难?

在学汉语的过程中，你是怎样克服困难的?

▶ 꼭! 알아두기　**克服困难** 어려움을 극복하다

01 중국어 공부는 많이 듣고, 쓰고, 읽고 말해야 합니다. 중국어 실력을 향상시키기 위해, 저는 매일 오전 열심히 수업을 듣고, 수업이 끝난 후에는 중국 친구들과 많이 교류했습니다.

学习汉语就要多听，多写，多读，多说。为了提高汉语水平，我每天上午上课的时候认真听讲，下课以后尽量多跟中国朋友交流。

02 중국에서 유학할 때 저는 마트에 가는 것을 매우 좋아했습니다. 마트에 갈 때마다 물건을 사면서 새로운 단어를 공부하고, 다음 번에 다시 갈 때에는 아는 단어는 복습하고 모르는 단어는 적어와 집에서 공부하였습니다.

我在中国留学的时候很喜欢去超市。每次去超市时，我一边买东西，一边学习生词。下次再去的时候，我复习认识的生词，同时把不认识的生词写下来回家学习。

03 저는 중국어를 막 배우기 시작했을 때, 성조가 너무 어려워 발음이 그다지 좋지 않았습니다. 어떤 때는 중국인이 제 말을 못 알아 듣기도 하였습니다. 그래서 저는 매일 큰소리로 중국어 본문 읽는 연습을 했고, 지금은 중국인과 대화하는 것에 자신감이 생겼습니다.

我刚开始学汉语的时候，因为声调太难，所以我的发音不太标准。有的时候中国人听不懂我说的汉语。因此我每天练习大声读汉语课文。现在呢，我对和中国朋友说话很有信心。

징검다리　我每天练习大声读汉语课文(○) → 我每天练习大声读汉语课本(△)

04 제가 중국어를 공부할 때 가장 어려웠던 점은 듣기였습니다. 이를 극복하기 위해서, 저는 녹음테이프를 많이 듣고 TV를 많이 봤으며 중국인과도 많이 대화하였습니다. 이때, 모르는 단어가 나오면 바로 적고 사전을 찾아 뜻을 이해했으며, 중국인과 대화할 때는 막 익힌 단어들을 최대한 사용하였습니다. 이러한 방법들을 통해 저의 듣기실력이 어느 정도 향상되었습니다.

我学汉语最大的难点就是听力。针对自己听力不好的情况，我多听录音，多看电视，多跟中国人聊天儿。在听录音、看电视、聊天儿时遇到不懂的词我就马上记下来，然后查词典弄懂它的意思。在跟中国朋友聊天儿的时候，就尽量用自己刚刚学过的生词。通过这样的学习方法，我的听力水平有了一定的提高。

05 한국인이기 때문에 어느 정도 한자를 읽고 쓸 줄 알았지만, 중국어 듣기와 말하기는 저에게 상당히 어려웠습니다. 이 문제를 해결하기 위해, 저는 매일 수업이 끝난 후 선생님께서 소개해주신 드라마 〈가유아녀〉를 모두 보았습니다. 드라마가 매우 재미있었기 때문에, 극중 대부분의 내용을 잘 알아듣지 못해도 전혀 지루하지 않았고, 드라마는 제 듣기와 말하기 실력이 향상하는데 매우 도움이 되었습니다.

因为我是韩国人，所以能看懂一些汉字而且会写一些汉字，但对我来说，听和说还是相当难的。为了解决这个问题，每天下课后，我都看老师给我们介绍的电视剧《家有儿女》。由于这部电视剧很有意思，所以尽管剧中的大部分句子我还听不懂，可是完全没有无聊的感觉。这部电视剧对提高我的听力和会话水平很有帮助。

🔍 **生词**

认真 rènzhēn 형 진지하다 | 尽量 jǐnliàng 부 가능한 한, 되도록 | 超市 chāoshì 명 마트, 슈퍼마켓 | 同时 tóngshí 명 동시, 같은 시기 | 声调 shēngdiào 명 성조, 말투 | 标准 biāozhǔn 형 표준적이다 | 难点 nándiǎn 명 난점, 어려운 점 | 听力 tīnglì 명 듣기 | 针对 zhēnduì 동 초점을 맞추다 | 录音 lùyīn 명 녹음, 기록 | 遇到 yùdào 동 만나다, 맞닥뜨리다 | 词典 cídiǎn 명 사전 | 弄懂 nòngdǒng 동 알다, 이해하다 | 意思 yìsi 명 의미, 뜻 | 相当 xiāngdāng 부 상당히, 무척 | 电视剧 diànshìjù 명 드라마 | 无聊 wúliáo 형 지루하다 | 感觉 gǎnjué 명 느낌

1장
2장
3장
4장
5장
6장
7장
8장
9장

3 중국어 외에 외국어 실력은 어느 정도입니까?

除了汉语以外，其他外语水平怎么样？
你除了汉语以外还会说什么语言？

▶ 꼭! 알아두기　除了⋯⋯以外⋯⋯　~이외에

01 어렸을 때 뉴욕에서 7~8년 정도 거주했기 때문에, 영어를 매우 유창하게 합니다. 영어 작문 실력 또한 뛰어납니다.

我小时候在纽约住了七八年，所以我的英语说得非常流利，英语写作水平也很高。

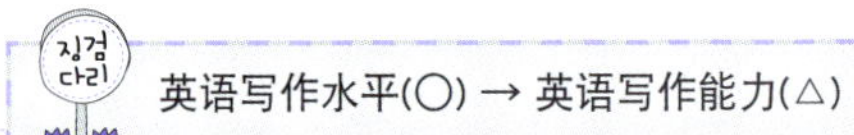
징검다리　英语写作水平(○) → 英语写作能力(△)

02 고등학교 시절 일본어를 배운 적이 있으며, 방학 때 일본에 간 적도 있습니다. 비록 일본인처럼 매우 유창하진 않지만 일본인과의 의사소통은 거의 문제없습니다.

我上高中的时候学过日语，放假的时候也去过日本。虽然日语说得不像日本人那么流利，但跟日本人沟通几乎没问题。

03 15살 때, 교환학생으로 미국에 유학을 가서 고등학교를 다녔습니다. 그래서 저는 중국어뿐만 아니라 영어도 유창하게 할 수 있습니다.

十五岁那年，我曾经以交换生的身份去美国留过学，我在美国上了高中。所以我不但会说汉语，而且也会说一口流利的英语。

04 대학에 다닐 때, 동기 중 멕시코에서 온 친구가 있었습니다. 저는 그 친구와 교류할 기회가 많아 자연스럽게 그의 언어에 관심을 갖게 되었고, 이후 2년간 스페인어를 배운 적이 있습니다.

我上大学的时候，同学中有一个从墨西哥来的人。我跟他接触的机会很多，自然而然地就对他的语言开始感兴趣了，所以我学过两年西班牙语。

징검다리　对他的语言开始感兴趣了(○) → 关心起他的语言(△)

纽约 Niǔyuē 명 (지명) 뉴욕 | 交换生 jiāohuànsheng 교환학생 | 墨西哥 Mòxīgē 명 (지명) 멕시코 | 接触 jiēchù 동 접촉하다, 교제하다 | 自然而然 zìrán' érrán 성어 자연히, 저절로 | 西班牙语 Xībānyáyǔ 명 스페인어

면접 TIP

자기 분석을 철저히 하자.

면접 시 자신이 자기소개서에 쓴 내용도 정확히 기억하지 못하는 경우가 있는데 이는 절대 있어서는 안될 일! 최소한 자기 자신에 대한 질문에 있어서는 명쾌하게 대답해야 한다. 특히, 본인이 지원한 지원서와 자기소개서는 서류 제출 전 미리 복사해서 프린트 해두는 것이 면접 시 유리하다.

1 컴퓨터 활용능력은 어느 정도입니까?

你的计算机水平怎么样?
你的计算机实际应用能力怎么样?

▶ 꼭! 알아두기　计算机应用能力 컴퓨터 활용능력

01 언어능력 외에, 컴퓨터를 다루는데도 능숙합니다. 컴퓨터에 문제가 생기면 보통 제가 직접 해결합니다.

除了语言能力以外，我还擅长操作电脑。电脑出现问题的时候，一般都能自己解决。

02 작년에 국가공인 1급 컴퓨터자격증을 취득하여 각종 소프트웨어를 능숙하게 사용할 줄 압니다. 특히 ERP, OA, Excel, Word, Photoshop 등 소프트웨어를 잘 다룰 수 있습니다.

我去年获得了国家计算机等级考试一级证书，可以熟练操作各种计算机软件，特别是ERP、OA、Excel、Word、Photoshop等软件。

03 컴퓨터에 관한 기초지식을 이미 갖추고 있습니다. 특히 Word, Excel, PowerPoint 등 오피스 소프트웨어를 잘 다룰 수 있습니다.

我已经掌握了计算机的基础知识，特别是Word、Excel、PowerPoint等办公软件都能灵活使用。

점검 다리　办公软件都能灵活使用(○) → 办公软件都能灵活运用(△)

生词

擅长 shàncháng 동 (어떤 방면에) 뛰어나다, 잘하다 | 操作 cāozuò 동 조작하다 | 熟练 shúliàn 형 능숙하다, 숙련되어있다 | 软件 ruǎnjiàn 명 소프트웨어 | 办公软件 bàngōng ruǎnjiàn 오피스 소프트웨어 | 灵活 línghuó 형 민첩하다

② 업무와 관련된 자격증을 가지고 있습니까?

你有和这个工作有关的资格证书吗?

你有哪些岗位资格证书?

▶ 꼭 알아두기 **资格证书** 자격증

01 저는 운전면허증과 워드프로세서 1급 자격증이 있습니다.

我有驾照和文字处理软件1级证书。

02 이번 여름방학에 비서 3급 자격증을 취득했습니다.

这个暑假**我取得了**秘书3级证书。

03 비록 저는 컴퓨터 등급의 자격증은 없지만 워드, 엑셀, 파워포인트 등 오피스를 잘 다룰 수 있습니다.

虽然**我没有**计算机等级**考试证书**，但我能够熟练使用Word、Excel、PowerPoint等办公软件。

04 저는 작년에 인터넷정보관리사 1급 자격증을 취득했습니다. 인터넷 상에서 필요한 정보를 빠르고 정확하게 찾아냅니다.

去年**我获得了**网络信息管理1级证书。对于需要的信息资源，我很快就能在网上查到。

我很快就能在网上查到(○) → 我能很快地在网上查到(△)

🔍 **生词**

岗位 gǎngwèi 명 직장 | 驾照 jiàzhào 명 운전면허증 | 暑假 shǔjià 명 여름방학 | 秘书 mìshū 명 비서 | 网络 wǎngluò 명 네트워크, 회로망 | 网上 wǎngshàng 인터넷

3 업무와 관련된 경험(경력)이 있습니까?

你有哪些相关工作经历?

你有哪些工作经历?

▶ 꼭! 알아두기 工作经历 업무경험(경력)

01 대학 때, 힐튼호텔에서 아르바이트를 한 적이 있습니다. 아르바이트를 통해 고객에게 어떻게 서비스해야 하는지를 배울 수 있었던 좋은 경험이었습니다.

我上大学的时候，在希尔顿酒店打过工。这是学习如何为客户服务的好经历。

02 대학 4년간 다양한 분야에서 저의 능력을 키웠습니다. 특히 업무와 관련하여 저는 다양한 사회활동에 적극 참여하며 사람들과 협력하기 위해 노력하여, 어느 정도의 관리경험과 사회경험을 쌓았습니다.

四年大学的时光，培养了我各方面的能力。尤其是在工作方面，我积极参加各项社会活动，努力与人合作，积累了一定的管理经验和社会经验。

03 저는 전자제품회사 판매부서에서 3년간 회계업무를 담당하였습니다. 실무경험 외에, 업무외 시간에는 회계 관련 서적도 많이 읽어 업무경험을 쌓았습니다.

我曾经在电子产品公司销售部担任过会计，已有三年的实际工作经历。除了和实际业务的接触以外，工作之余我还广泛阅读有关会计方面的书籍，因此积累了一定的工作经验。

저는 비록 실제 업무경험은 없지만, 4년간의 대학생활을 통해 기초 영어와 컴퓨터지식을 쌓았습니다. 이는 앞으로 제가 발전해 나가는데 탄탄한 밑거름이 되어줄 것입니다.

我虽然没有过实际工作的经历，但通过大学四年的学习，我掌握了一定的英语基础和计算机知识，为以后的发展奠定了牢固的基础。

生词

希尔顿酒店 Xī'ěrdùn jiǔdiàn 힐튼호텔 | 客户服务 kèhù fúwù 고객 서비스 | 培养 péiyǎng 동 양성하다, 키우다 | 销售部 xiāoshòubù 명 판매부(서) | 担任 dānrèn 동 담당하다 | 会计 kuàijì 명 회계, 경리 | 工作之余 gōngzuò zhī yú 업무외 시간 | 奠定 diàndìng 동 다지다 | 牢固 láogù 형 견고하다

유형연습

我上大学的时候，在 ⬚ 打过工。

연습단어

三星公司人事部　　　保险公司
快餐厅　　　　　　　乐天玛特超市

三星 Sānxīng 삼성 | 人事部 rénshìbù 명 인사부(한국식 표현) |
保险 bǎoxiǎn 명 보험 | 快餐厅 kuàicāntīng 명 패스트 푸드점 |
乐天玛特 Lètiān mǎtè 롯데마트

1 시간외 근무도 가능합니까?

你可以加班吗?

你可以接受加班吗?

▶ 꼭! 알아두기 **加班** 초과근무(시간외 근무)를 하다

01 문제 없습니다. 업무가 바쁠 경우, 기꺼이 야근하겠습니다. 중요한 것은 야근시간을 합리적으로 안배하는 것이라고 생각합니다.

没问题。工作忙的情况下，我很乐意加班。我认为关键是要合理地安排利用加班时间。

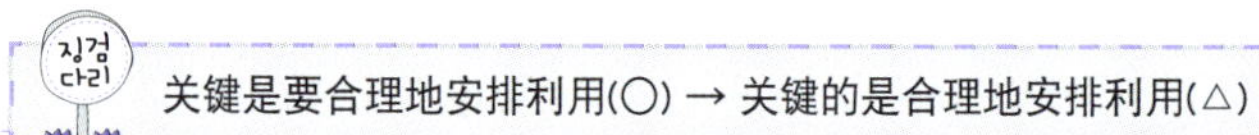

02 일이 바쁘면 야근은 당연하다고 생각합니다. 필요하다면, 주말에도 나와서 일할 수 있지만 최소 하루 전에는 알려 주시는 것이 좋겠습니다.

我认为工作很忙的话加班是应该的。需要的话，周末我也可以上班，但最好是能提前一天通知我。

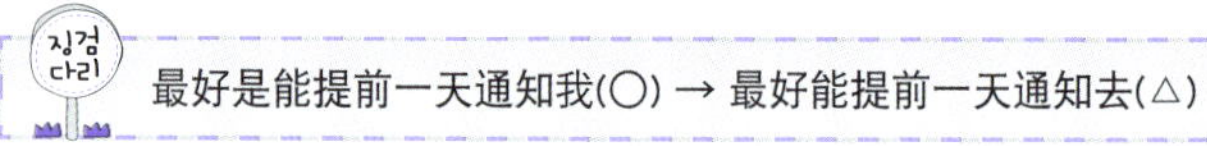

03 적정 수준의 야근은 받아들일 수 있습니다. 하지만 업무효율이 높을 경우, 불필요한 야근은 줄일 수 있을 것이라고 생각합니다.

适当的夜班我可以接受，但是我觉得如果工作效率高的话，可以减少不必要的夜班。

🔍 **生词**

乐意 lèyì 동 기꺼이 ~하다 | 合理 hélǐ 형 합리적이다 | 安排 ānpái 동 안배하다 | 最好 zuìhǎo 부 ~하는 게 가장 좋다 | 提前 tíqián 동 (예정된 시간을) 앞당기다 | 适当 shìdàng 형 적당하다 | 夜班 yèbān 명 야근 | 工作效率 gōngzuò xiàolǜ 업무효율

110

2 채용된다면 어느 부서에서 근무하고 싶습니까?

如果你被录用，你想进哪个部门工作？
你最想去哪个部门工作？

▶ 꼭! 알아두기 部门 부서

01 저는 식품회사에서 3년간 회계원으로 근무하였습니다. 이러한 저의 경력을 귀사의 회계부서에서 잘 활용하여 열심히 일하고 싶습니다.

我在食品公司担任会计一职已经有3年了。希望我这些年的工作经历能够在贵公司会计部门得到充分的应用，我会认真工作的。

02 저는 외향적인 사람으로 처음 만난 사람과도 잘 어울리는 편입니다. 그래서 영업부가 저에게 가장 적합한 부서라고 생각합니다.

我是个外向的人，即使和初次见面的人也能很好地相处。所以我认为最适合我的部门是营销部。

징검다리 适合我的部门是营销部(○) → 适合我的部门是营业部(△)

03 저는 영어와 중국어를 잘 합니다. 저의 언어능력이 수출입 업무를 수행하는데 도움이 될 것이라 확신하고 있습니다. 그렇기 때문에 귀사의 해외파트에서 일하며, 저의 능력을 더욱 잘 발휘하고 싶습니다.

我的英语和汉语都很好。我相信我的语言能力对进出口业务会有帮助。所以我想在贵公司的外事部门工作，更好地发挥自己的能力。

04 인사과에서 근무하고 싶습니다. 대학시절, 인적자원관리과정을 이수했을 뿐만 아니라 대기업 인사과에서 아르바이트를 한 경험이 있습니다.

我想在人事部工作。大学期间我曾进修过人力资源管理课程，而且有过在大企业人事部打工的经历。

징검다리 曾进修过人力资源管理课程(○) → 曾进学过人力资源管理课程(△)

生词

充分 chōngfèn 형 충분하다 | 营销部 yíngxiāobù 명 영업부 | 进出口 jìnchūkǒu 명 수출입 | 发挥 fāhuī 동 발휘하다 | 人事部 rénshìbù 명 인사부 | 进修 jìnxiū 동 연수하다 | 人力资源 rénlì zīyuán 인적자원

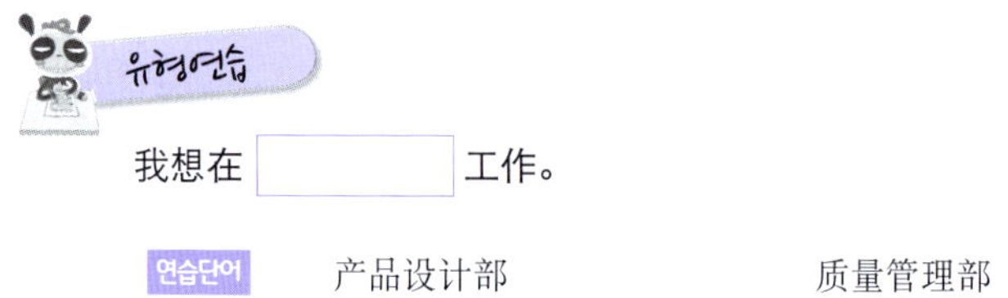

유형연습

我想在 [　　　　] 工作。

연습단어　　　产品设计部　　　　　　　质量管理部

면접 TIP

지피지기면 백전백승!

면접을 보러 가기 전, 그 회사에 대한 조사와 연구는 필수! 면접 전 반드시 회사 브로셔나 홈페이지를 통해 정보를 정확히 파악하고 면접에 임해야 한다. 회사에 대해 많은 정보를 조사했다는 것만으로도 면접관에게 좋은 인상을 줄 수 있다.

3 국내근무를 지원했는데, 해외근무도 가능합니까?

你应聘的是在国内工作，但如果公司派你去国外工作的话，你会怎么办?

你可以去国外工作吗?

▶ 꼭! 알아두기　国内工作 국내근무 / 国外工作 해외근무

01 당연히 외국에 나가 근무할 수 있습니다. 저는 글로벌 경쟁력을 갖추기 위해, 지금까지 열심히 영어공부를 해왔습니다. 만약 해외에 파견된다면, 반드시 열심히 일해서 회사의 기대를 저버리지 않겠습니다.

我当然可以去国外工作。为了使自己具有全球竞争力，我一直努力学习英语。如果我被派去国外，我一定会努力工作，不辜负贵公司对我的期望。

02 외국에서 근무할 수 있습니다. 어려서부터 외국 나갈 기회가 많았기 때문에, 해외근무에 대한 부담이 없습니다.

我可以去国外工作。因为从小我就有很多机会去外国，所以对我来说在国外工作没有什么压力。

03 사실 저는 해외근무를 더 선호합니다. 만약 귀사에 입사하게 된다면, 먼저 국내근무를 통해 업무경험을 쌓은 뒤 해외에 파견되었으면 좋겠습니다.

其实我更喜欢去国外工作。如果我能到贵公司就业，我希望先通过积累国内工作经验，然后被派到国外去工作。

점검 다리　然后被派到国外去工作(○) → 然后被派到国外工作(△)

04 비록 지금은 영어를 잘 못하지만, 이후 외국에 나가 근무해보고 싶습니다. 해외근무에 대비하기 위해 열심히 영어공부를 해두겠습니다.

虽然现在我的英语不太好，但以后我想去国外工作。我会努力学习英语，为今后去国外工作作好准备。

生词

应聘 yìngpìn 동 지원하다 | 竞争力 jìngzhēnglì 명 경쟁력 | 辜负 gūfù 동 (기대, 믿음 등을) 저버리다 | 期望 qīwàng 명 기대, 희망 | 就业 jiùyè 동 취업하다 | 派 pài 동 파견하다

면접 TIP

변명도 외국어로 준비하자!

외국어 면접을 볼 때 말문이 막힐 때가 있다. 이럴 때 대비해서 미리 변명을 준비하자. 한국어로 말하면 구차해 보일 수 있는 변명도 외국어로 유창하게 말한다면 오히려 플러스 요인이 될 수 있다. 여기서 포인트는 뻔뻔하게 하는 외국어 변명이다!

면접관을 사로잡을 수 있는 면접메이크업 TIP

사람은 보통 7초 이내에 모든 이미지가 결정됩니다. 앨버트 매러비안이라는 심리학자는 인간이 처음 마주 했을 때 7초 안에 그 사람이 살아온 환경, 현재의 배경, 성격, 행동성향 등 모든 것들을 파악한다고 일렀으며, 첫 이미지를 바꾸기까지는 3년이란 긴 세월이 걸린다고 했습니다.

그렇다면 면접관과 지원자가 직접 소통하고 만나는 면접장 안에서는 어떤 이미지로 어필해야 할까요? 화려한 메이크업을 한 지원자와 전혀 화장하지 않은 채 면접에 임하는 지원자를 본 면접관은 인상을 찌푸리기 마련이죠. 이렇기 때문에 지원자들은 유행을 타지 않는, 단정하면서도 회사의 이미지를 가장 잘 표현해 낼 수 있는 화장을 하고, 평소 화장을 하지 않던 지원자들도 반드시 기본 색조 화장은 할 수 있도록 해야 합니다.

면접시 적절한 color

01 부드러운 이미지를 줄 수 있는 옅은 브라운 계열(음영 메이크업)

눈두덩이 전체에 연한 살굿빛의 섀도우를 바르고 눈의 1/3 지점에 눈썹 색보다 진한 톤의 섀도우로 포인트를 주어 음영을 넣습니다. 진하지 않은 갈색 계열의 펜슬라이너로 눈매를 교정시키고, 검은색 리퀴드 라이너로 속눈썹 사이사이를 살짝만 메꿔 주되 이때 너무 과하게 라인을 뺀다거나 꼬리를 올리는 등의 화장은 지양해야 합니다.

★ 아이라인은 진한 검정이 아닌, 부드러워 보일 수 있는 다크 브라운을 권장

02 여성스럽고 단정한 이미지를 줄 수 있는 파스텔 계열(핑크, 퍼플)

핑크 또는 퍼플 계열은 보통 지원자들이 가장 많이 사용하는 컬러입니다. 여성미를 강조하는 색상이기 때문에 붉은 핑크가 아닌 파스텔 계열의 색상으로 더욱 여성스러움을 강조할 수 있습니다. 더불어 참한 이미지를 줄 수 있도록 색이 과하게 표현되지 않도록 깔끔하게 바릅니다.

★ 이에 맞추어 블러셔는 되도록 화사함을 줄 수 있는 밝은 톤을 사용! (eye color와 맞출 것)

03 마스그라 / 검정색

보통 마스카라를 생략하는 경우가 많지만, 화장하면서 파우더 등과 같은 가루가 눈썹에 묻어 지저분해 보일 수 있다는 사실! 그러므로 마스카라는 화장의 마무리 단계에서 바릅니다. 마스카라를 바를 시에는 가운데부터 풍성하게 발라주고, 앞쪽, 뒷쪽의 순서대로 바르며 부채꼴 모양으로 발라줍니다.

★ 속눈썹은 과하지 않도록 붙이세요!

04 입술 상태는 수시로 청결하게 관리(누드톤 지양, 붉은 톤 지향)

인터뷰를 오랜 시간 하다보면 아무래도 입술에 바른 립스틱이나 립글로스가 번지고 지워지며 뭉치는 경우가 있죠. 그렇게 되면 점점 지저분해져 상대방에게 불쾌감을 줄 수 있으니 주의하도록 하세요. 립글로스와 립스틱을 바르기 전엔 반드시 립밤을 발라 입술을 촉촉하게 만들어주고, 수시로 청결상태를 확인해야 합니다.

05 치크와 하이라이트로 반드시 마무리

화장을 모두 마무리 짓는 과정에서 반드시 해야 할 것은 바로 치크와 하이라이트!
얼굴 윤곽을 브라운톤의 블러셔로 정리해준 다음 화이트 톤의 하이라이트로 마무리하게 되면 전체적인 화장이 깔끔하면서도 음영을 넣어주게 되어 굉장히 단정해 보이는 효과를 줄 수 있습니다.
★ 치크의 위치 → 턱선, 이마라인
★ 하이라이트의 위치 → T존부위, 턱 아랫부분, 눈 밑 부분

06 기타 주의사항

되도록 펄이 많이 들어간 제품은 피하세요.
항상 면접관과의 만남에는 화려하지 않은 화장을 하는 게 회사에 대한 예의입니다. 특히 펄입자가 큰 제품을 사용하게 되면 전체적인 화장이 지저분해 보일 수 있으므로, 반드시 펄이 들어간 화려한 화장은 지양하도록 명심하세요. 단, 은은한 펄입자의 파우더는 가볍게 사용해주면 촉촉한 피부를 연출할 수 있습니다.
★ 유행을 따라가는 물광 메이크업, 스모키 메이크업은 면접관의 인상을 찌푸리게 만들 수 있으니 주의하세요.

여기서 잠깐!

여성은 지나친 화장을 피하고, 기본에 충실한 깔끔함과 장점은 극대화하고 결점은 감출 수 있는 지적인 화장을 하도록 하세요. 헤어라인과 이마는 최대한 밝고 단정해 보일 수 있도록 올림머리를 권장합니다.

남성은 눈썹을 가리지 않는 짧은 헤어 길이와 이목구비가 또렷해 보일 수 있는 진한 머리색을 선호합니다. 남성이라고 해서 화장을 전혀 하지 않는 것은 아니기에 피부톤을 보정할 수 있는 메이크업 베이스와 비비크림을 부분적으로 발라 결점을 커버해야 합니다. 주의사항은 적당량을 덜어 얼굴 전체에 바르되 볼부분부터 원을 그리듯이 소량만 발라주세요. 입술은 살짝 선홍빛을 띠는 립글로스를 입술 중앙부터, 눈썹은 머리색보다 밝게 연출하는 것이 좋습니다.

▶ 자료
뷰티크루 이미지코칭센터
대표강사 정현지

지원동기 및 포부
应聘动机及抱负

돌다리 질문 1- **1** 왜 우리회사에 지원하였습니까?

돌다리 질문 1- **2** 우리 회사에 대해 얼마나 알고 있습니까?

돌다리 질문 1- **3** 우리가 당신을 채용할 경우, 회사를 위해 어떠한 노력을 하시겠습니까?

돌다리 질문 2- **1** 전공과 지원분야가 다른 이유가 무엇입니까?

돌다리 질문 2- **2** 우리 회사와 다른 업체에 모두 합격한다면 어떻게 하겠습니까?

돌다리 질문 3- **1** 만약 불합격해도 우리 회사제품을 쓰겠습니까?

돌다리 질문 4- **1** 본인이 생각하는 좋은 기업의 조건은 무엇입니까?

돌다리 질문 4- **2** 앞으로 10년 후, 본인을 상상해보세요.

1 왜 우리회사에 지원하였습니까?

你为什么选择我们公司?
你为什么应聘我们公司?

▶ 꼭! 알아두기　**应聘** 지원하다

01 저는 귀사가 해외영업분야에서 가장 경쟁력 있는 회사라고 생각해서 지원하였습니다.

我认为贵公司是在海外营销领域中最有竞争力的公司。所以我选择了贵公司。

02 저는 어려서부터 귀사가 한국에서 가장 경쟁력 있는 회사라고 여겨왔습니다.

我从小就一直觉得贵公司是在韩国企业中最具有竞争力的一家公司。

03 귀사는 훌륭한 기업문화와 나무랄 데 없는 근무환경을 가지고 있습니다. 그래서 귀사에 지원하고자 합니다.

贵公司有着良好的企业文化和完善的工作环境。因此我想应聘贵公司。

04 대학생 때부터 서비스분야에서 일하는 것을 꿈꿔왔습니다. 그렇기 때문에 서비스분야에서 가장 잠재력이 있는 귀사에 입사하는 것이 저의 가장 큰 꿈입니다.

我大学期间就想从事服务方面的工作，所以能进入在服务领域最有潜力的贵公司是我最大的梦想。

05 저는 귀사가 직원 개개인의 가치를 실현할 수 있는 기회를 공평하게 제공하는 곳이라고 믿고 있습니다. 그래서 귀사에서 일할 수 있기를 간절히 바랍니다.

我相信贵公司能为员工提供一个平台，让我们实现自己的价值，所以我非常希望能为贵公司工作。

06 저는 귀사가 아주 높은 기술력을 갖춘 한국 최대의 전자회사라고 생각합니다. 귀사에 입사하여 회사를 위해 기여하고 싶습니다.

我觉得贵企业是韩国规模最大、技术先进的电子公司。我想加入贵公司，为贵公司做出贡献。

07 저는 귀사가 독특한 기업문화를 가지고 있고, 모두가 알다시피 직원에게 공평한 승진기회를 제공하는 기업이기 때문에, 제가 열심히 노력만 한다면 이 분야에서 계속 발전해 나갈 수 있을 것입니다. 귀사의 이러한 기업문화와 정신에 깊이 감명받아 지속적으로 지원하게 되었습니다.

我认为贵公司有着独一无二的企业文化，众所周知，贵公司为员工提供了公平的升级机会。只要我努力就可以在这个领域中一直发展下去。贵公司的这种文化及精神深深地吸引了我，这是我坚持要加入贵公司的理由。

08 귀사의 채용공고와 채용분야의 조건을 보고 저에게 적합한 조건이라고 생각되었습니다. 저는 인터넷, 매스컴 등을 통해 귀사의 연혁과 발전전략을 이해하였습니다. 만약 운이 좋게 귀사의 일원이 된다면, 제 업무능력에 실망하게 하는 일은 절대 없을 것이라 믿습니다.

我看了贵公司的招聘广告及招聘职位的具体要求，感到自己比较符合贵公司的招聘条件。我通过网络、传媒等对贵公司的历史和发展策略也有所了解。若有幸成为贵公司的一员，我相信我的工作能力一定不会让你们失望。

🔍 生词

海外营销 hǎiwài yíngxiāo 명 해외영업 | 领域 lǐngyù 명 분야, 영역 | 竞争力 jìngzhēnglì 명 경쟁력 | 良好 liánghǎo 형 양호하다, 훌륭하다 | 企业文化 qǐyè wénhuà 명 기업문화 | 完善 wánshàn 형 완벽하다 | 工作环境 gōngzuò huánjìng 명 업무환경 | 从事 cóngshì 동 종사하다 | 潜力 qiánlì 명 잠재력 | 梦想 mèngxiǎng 명 꿈 | 平台 píngtái 명 무대, 환경 | 价值 jiàzhí 명 가치 | 规模 guīmó 명 규모 | 技术 jìshù 명 기술 | 贡献 gòngxiàn 동 기여하다, 공헌하다 | 独一无二 dúyī wú'èr 성어 유일무이하다, 독보적인 | 众所周知 zhòngsuǒ zhōuzhī 성어 널리 알려진 대로 | 升级机会 shēngjí jīhuì 승진기회 | 吸引 xīyǐn 동 끌어당기다 | 坚持 jiānchí 동 유지하다, 고집하다 | 招聘 zhāopìn 동 모집하다, 채용하다 | 职位 zhíwèi 명 직위 | 符合 fúhé 동 부합하다 | 网络 wǎngluò 명 인터넷 | 传媒 chuánméi 명 매체 | 策略 cèlüè 명 전략 | 有幸 yǒuxìng 형 운이 좋게, 다행히

2 우리 회사에 대해 얼마나 알고 있습니까?

你对我们公司了解多少?
请说一下你知道的关于我们公司的信息。

▶ 꼭! 알아두기 **对……了解多少** ~대해 얼마나 알고 있습니까

---

01 끊임없는 노력을 통해 귀사는 이미 철강, 화학, 전자 등의 분야에서 선도기업으로 발돋움하였습니다. 저는 귀사가 중국시장을 개척하기 위해 현재 해외부서 신설을 준비 중에 있다고 알고 있습니다. 저는 중국어뿐만 아니라 중국의 기업문화도 이해하고 있기 때문에 제가 귀사에 맞는 인재라고 생각합니다.

经过坚持不懈地努力奋斗，贵公司已经成为在钢铁，化学，电子等领域的领先企业。我知道贵公司为了开发中国市场正准备设立海外部门。我不仅会说中文，而且了解中国的企业文化，所以我认为我是贵公司该职位的最佳人选。

---

02 1998년 첫 번째 영화관을 개관한 이후 현재까지, 귀사는 이미 중국에 20개의 영화관을 보유한 대기업으로 발돋움하였습니다. 중국의 영화산업이 지속적으로 발전함에 따라, 머지않아 중국시장은 귀사의 최대 시장이 될 것이라 생각합니다.

自1998年开设第一家电影院至今，贵公司已成为在中国拥有20家电影院的大企业。随着中国影视产业的不断发展，我认为在不久的将来中国市场将会成为贵公司最大的市场。

---

03 귀사는 1987년 설립된 홈쇼핑 회사로서 현재 3,000여명의 직원이 근무하고 있는 대기업입니다. 또한 다양한 제품을 판매하고 있으며 이미 중국시장에 진출하였습니다.

我知道贵公司是1987年成立的一家电视购物公司，现在已经成为拥有三千多名员工的大型企业，公司销售各种类型的产品，而且已经进军中国市场了。

 귀사는 '인재 제일'이라는 경영이념을 가지고 우수한 인재를 적극적으로 유치하고 육성하고 있습니다. 이러한 경영이념이 국내사업을 확장하는데 결정적인 역할을 했다고 생각합니다. 그래서 저는 인재를 중시하는 귀사에 입사하고 싶습니다.

贵公司有着"人才第一"的经营理念，积极吸引并培养优秀人才。我认为这种经营理念为国内事业的扩展起到了决定性作用。因此我非常希望加入重视人才的贵公司。

🔍 生词

努力奋斗 nǔlì fèndòu 애써 분투하다 | 钢铁 gāngtiě 명 강철, 철강 | 化学 huàxué 명 화학 | 领先企业 lǐngxiān qǐyè 선도기업 | 设立 shèlì 동 (조직 등을) 설립하다 | 最佳人选 zuìjiā rénxuǎn 최고의 인선(인재) | 开设 kāishè 동 설립하다 | 至今 zhìjīn 부 지금까지, 오늘까지 | 影视 yǐngshì 명 영화와 텔레비전 | 成立 chénglì 동 (조직, 회사가) 설립되다 | 电视购物 diànshì gòuwù 명 TV 홈쇼핑 | 拥有 yōngyǒu 동 보유하다, 소유하다 | 大型 dàxíng 형 대형의 | 各种 gèzhǒng 형 각종의 | 类型 lèixíng 명 유형 | 产品 chǎnpǐn 명 제품 | 人才 réncái 명 인재 | 理念 lǐniàn 명 이념 | 培养 péiyǎng 동 육성하다, 키우다 | 优秀 yōuxiù 형 (품행이나 성적 등이) 우수하다 | 扩展 kuòzhǎn 동 확장하다

③ 우리가 당신을 채용할 경우, 회사를 위해 어떠한 노력을 하시겠습니까?

如果我们公司录用你，你会为公司做出什么样的努力？
如果我们录用你，那你会为公司做出什么样的努力？

▶ 꼭 알아두기　录用 채용하다

01 만약 귀사에 채용된다면, 성실하게 일하고 회사와 하나가 되어 기업문화에 적응하겠습니다. 단기적인 목표는 기업이 더 많은 이윤을 창출하는데 기여하는 것이고, 장기적 목표는 기업을 제 자신처럼 여겨 함께 발전해 나가는 것입니다.

如果我被贵公司录用，我会踏踏实实地干好工作，把自己融入企业，使自己能适应企业的文化。我的短期目标是为企业创造更多的财富，长期目标就是与企业合成一体，与公司共同进退。

 점검다리　把自己融入企业(○) → 把自己融入进企业(△)

02 만약 귀사에 채용된다면, 반드시 열심히 일하여 저에 대한 회사의 기대를 저버리지 않을 것입니다. 저의 모든 역량을 업무에 집중하도록 하겠습니다.

如果我能到贵公司就业，一定会努力工作，不辜负贵公司对我的信任，把全部的精力都投入到工作中去。

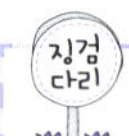 점검다리　一定会努力工作(○) → 一定努力工作(△)

03 만약 운이 좋게 귀사의 일원이 된다면, 최선을 다해 일하며 귀사의 발전에 기여하겠습니다.

如果有幸能成为贵公司的一员，我将不遗余力努力工作，为贵单位的发展贡献我的力量。

录用 lùyòng 통 채용하다 | 踏踏实实 tātashíshí 통 성실하다, 착실하다 | 融合 rónghé 통 융합하다 | 创造 chuàngzào 통 창조하다, 만들다 | 财富 cáifù 명 자산 | 合成 héchéng 통 합쳐 ~가 되다, 합쳐 이루어지다 | 进退 jìntuì 통 나아가고 물러서다 | 就业 jiùyè 통 취업하다 | 辜负 gūfù 통 (기대 등을) 저버리다 | 信任 xìnrèn 통 신뢰하다, 신임하다 | 把精力投入到工作中 bǎ jīnglì tóurù dào gōngzuò zhōng 모든 정신(노력)을 업무에 집중시키다 | 不遗余力 bùyíyúlì 성어 있는 힘을 다하다 | 单位 dānwèi 명 직장, 회사 | 力量 lìliang 명 능력, 힘, 역량

유형연습

如果我被贵公司录用，[   ]。

연습단어　　我会尽最大的努力工作　　　我会刻苦地认真工作

尽最大的努力 jǐn zuìdà de nǔlì 최대한의 노력을 기울이다 |
刻苦 kèkǔ 형 몹시 애를 쓰다

1 전공과 지원분야가 다른 이유가 무엇입니까?

你的专业和应聘的部门为什么不对口，
有什么理由吗？

你怎么应聘了跟你的专业无关的部门？

▶ 꼭! 알아두기 跟专业无关的部门 전공과 관련 없는 부서
跟专业对口的部门 전공과 관련 있는 부서

01 저는 대학에서 중국어를 공부하였습니다. 하지만 대학교 2학년 때, 부전공으로 무역학과를 선택하여 중국어와 무역에 관한 기초지식들을 함께 익혔습니다. 현재는 경제자격증 3급을 가지고 있기 때문에 저의 제2전공이 지원부서와 관련 있습니다.

在大学里，我学的是汉语。不过，我从大二开始选择了贸易作为第二专业。所以我一边学习汉语，一边学习关于贸易的基础知识。现在已经取得了经济资格证3级。因此我的第二专业和应聘的部门很对口。

02 제 전공은 서방문화문학입니다. 대학공부를 통해서, 저는 서방국가의 생활습관뿐만 아니라 그들의 사고방식에 대해서도 이해하게 되었습니다. 저는 이러한 공부가 해외영업부서에서 근무하는데 도움이 될 것이라 생각합니다. 최근에는 귀사의 해외영업부에 들어가기 위해 중국어 공부를 시작하였습니다.

我的专业是西方文化文学。我通过大学的学习，不仅了解了西方国家的生活习惯，还懂得了他们的思维方式。我认为这对在海外营销部门工作很有帮助。最近为了加入贵公司的海外营销部门，我开始学习汉语。

03 비록 제 전공은 유아교육이지만, 저는 승무원 업무에 지원하였습니다. 보기에는 전공과 관련성이 없어 보이지만 지난 4년간의 대학생활을 통해 저는 사람과 사람 사이에 어떻게 소통해야 하는지, 아이들을 어떻게 돌봐야 하는지를 배울 수 있었습니다. 저는 이러한 점들이 나중에 제가 승무원 일을 하는데 큰 도움이 될 것으로 생각합니다.

虽然我的专业是幼儿教育，但是我应聘了乘务员这一工作。看起来我的专业和工作不对口，不过通过4年的大学生活我学会了人与人之间应该怎么沟通，怎么对待孩子。我相信这会对我以后的乘务工作很有帮助。

 제 전공은 경제학입니다. 대학교 3학년 때 저는 해외봉사활동에 참여했었습니다. 봉사활동을 통해서 저는 무엇이 희생이고, 즐거움인지 알게 되었습니다. 이후 저는 자기희생을 제 인생의 목표로 삼게 되었습니다. 이것이 바로 제가 사회복지과를 지원한 이유입니다.

我的专业是经济学。大三的时候，我参加了海外的志愿者活动。通过这一活动，我明白了什么是牺牲，什么是快乐。后来我把自我牺牲当作我的人生目标。这就是我选择应聘社会工作科的理由。

生词

对口 duìkǒu 형 부합하다, 관련되다 | 贸易 màoyì 명 무역 | 资格证 zīgézhèng 자격증 | 西方国家 Xīfāng guójiā 서방국가 | 懂得 dǒngde 동 알다, 이해하다 | 思维方式 sīwéi fāngshì 사고방식 | 幼儿 yòu'ér 명 유아 | 乘务员 chéngwùyuán 명 승무원 | 看起来 kànqǐlái 동 보기에, 보아하니 ~하다 | 之间 zhījiān 명 (~의) 사이 | 沟通 gōutōng 동 교류하다, 소통하다 | 对待 duìdài 동 다루다, 대응하다 | 志愿者 zhìyuànzhě 명 자원봉사자 | 牺牲 xīshēng 동 희생하다, 손해를 보다 | 自我牺牲 zìwǒ xīshēng 자기희생 | 当做 dàngzuò ~로 삼다, ~로 여기다

유형연습

我一边学习 [____________] ，一边学习 [____________] 。

연습단어 人的心理状态 / 心理与购物的相关性
英语 / 西方国家的生活习惯

[2] 우리 회사와 다른 업체에 모두 합격한다면 어떻게 하겠습니까?

**万一你收到两个公司的录用通知书，
那你会选择哪个公司?**

如果你通过了两个公司的面试，你会选择哪个公司?

▶ 꼭! 알아두기 **会选择哪个公司** 어느 회사를 선택할 것인가

01 저는 물론 주저 없이 귀사를 선택할 것입니다. 대학교 3학년 때부터 저는 귀사에 입사하고자 준비해왔습니다. 저에게 이것은 고민할 가치가 없습니다.

我当然会毫不犹豫地选择贵公司。我上大三时已经开始准备应聘贵公司了。这对我来说没什么好考虑的。

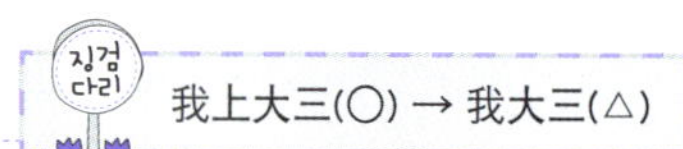

02 저는 반드시 귀사를 선택할 것입니다. 저는 귀사의 회사 분위기가 아주 마음에 듭니다. 이는 제가 빨리 귀사에 입사하고 싶은 이유 중 하나입니다.

我一定会选择贵公司。我非常欣赏贵公司的公司风气，这是让我想要赶快加入贵公司的理由之一。

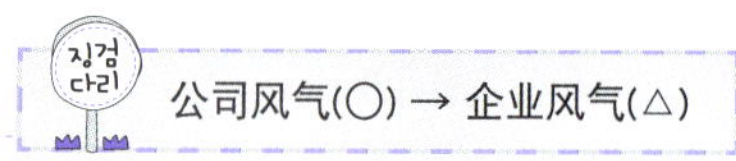

03 상상만으로도 정말 기분이 좋습니다. 하지만 저는 반드시 귀사를 선택할 것입니다. 귀사에 입사하는 것은 제 어릴 적부터의 꿈이었습니다. 저는 저의 꿈이 실현되기를 바랍니다.

只是想想都非常高兴。可是我肯定会选择贵公司。进入贵公司是我从小的梦想。我希望实现我的梦想。

🔍 生词

毫不犹豫 háobù yóuyù 성어 조금도 주저하지 않다, 대단히 결단력이 있다 | **考虑** kǎolǜ 동 고려하다, 생각하다 | **欣赏** xīnshǎng 동 감상하다, 마음에 들다 | **风气** fēngqì 명 (사회나 집단의) 풍조, 기풍 | **赶快** gǎnkuài 부 재빨리, 속히 | **加入** jiārù 동 보태다 | **只是** zhǐshì 부 단지, 다만, 오직 | **肯定** kěndìng 부 확실히, 틀림없이 | **进入** jìnrù 동 (어떤 시기, 상태에) 진입하다

1 만약 불합격해도 우리 회사제품을 쓰겠습니까?

如果这次你没有被录用，你还会使用我们公司的产品吗？

如果这次你被淘汰了，还会继续使用我们公司的商品吗？

▶ 꼭! 알아두기 没有被录用 / 被淘汰 탈락하다, 불합격하다

01 당연히 사용합니다. 귀사의 제품이 전 세계적으로 손꼽히는 좋은 제품이라는 것은 누구나 알고 있는 사실입니다. 하지만 제가 귀사에 반드시 입사할 수 있으리라고 믿습니다.

当然会使用。众所周知，贵公司的产品是全世界数一数二的好产品。但我相信我一定能加入贵公司。

当然会使用(○) → 当然使用(△)

02 그런 일이 발생하지 않기를 바랍니다. 하지만 만약 그렇게 된다면, 저는 그래도 귀사의 제품을 사용할 것입니다. 좋은 품질은 구매자가 가장 중요하게 생각하는 부분이기 때문입니다.

我不希望发生这种事情。但是即使那样，我还是会用贵公司的产品。因为好品质是购买者最重视的部分。

03 이런 문제를 생각해 본 적은 없습니다. 저는 제가 확실히 귀사에 입사할 수 있으리라 믿습니다. 그래서 저는 계속해서 귀사의 제품을 사용할 것입니다.

我没想过这些问题。我相信我肯定能进入贵公司。所以我以后也会一直使用贵公司的产品。

🔍 生词

淘汰 táotài 통 추려 내다. 제거하다 | 数一数二 shǔyī shǔ'èr 성어 뛰어나다, 손꼽히다 | 品质 pǐnzhì 명 품질 | 购买者 gòumǎizhě 구매자

① 본인이 생각하는 좋은 기업의 조건은 무엇입니까?

你觉得好企业的条件是什么?
你认为具有什么条件才是好公司?

▶ 꼭! 알아두기 **好企业的条件** 좋은 기업의 조건

01 저는 기업의 분위기야말로 가장 중요한 조건이라고 생각합니다. 우리가 하루 중 회사에서 근무하는 시간은 보통 9시간 정도로 매우 깁니다. 만약 회사 분위기가 좋지 않다면 견디기 힘들 것입니다.

我觉得企业的风气才是最重要的条件。我们一天当中在公司工作的时间很长，一般每天9个小时左右。如果企业的风气不好的话，很难忍受。

02 저는 직원을 가족처럼 대해주는 것이 가장 중요한 조건이라고 생각합니다. 제가 귀사를 선택한 이유 역시 이러한 이유 때문입니다.

我认为像对待家人一样对待员工是最重要的条件。我选择应聘贵公司也是出于这个原因。

03 저에게 좋은 기업의 조건이란 남녀 모두에게 평등한 승진기회를 주는 것입니다. 귀사가 남녀에게 평등하다는 이야기를 듣고 선택하였습니다.

对我来说，好企业的条件是给男女职工提供平等的升职机会。据说贵公司男女平等，所以我选择了贵公司。

🔍 **生词**

一般 yìbān [형] 일반적이다 | **左右** zuǒyòu [명] 가량, 정도 | **忍受** rěnshòu [동] 이겨내다, 참다 | **像** xiàng [동] ~와(과) 같다 | **平等** píngděng [형] 평등하다 | **据说** jùshuō [동] 말하는 바에 의하면

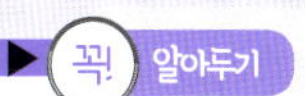

2 앞으로 10년 후, 본인을 상상해보세요.

你能设想一下10年后的自己会是什么样的吗?
你觉得10年以后你会做什么?

▶ 꼭 알아두기 ……年以后 ~년 이후

01 10년 후, 저는 아마도 귀사의 차장이 되어 있을 것입니다. 10년간의 업무경력과 회사의 보살핌으로 저의 능력을 충분히 발휘하고 있을 것이라고 믿습니다.

10年以后我可能会成为贵公司的次长。我相信通过10年的工作经历和公司的培养一定能充分发挥我的才能。

 公司的培养一定能充分发挥(○) → 公司的照顾能充分发挥(△)

02 10년 후, 저는 3개 국어를 구사할 수 있는 능력있는 직원이 되어 있을 것입니다. 해외근무를 해야 하는 귀사에서 외국어를 할 수 있는 것은 반드시 필요한 조건입니다. 따라서 저는 귀사에 입사한 후에도 날마다 열심히 외국어를 공부할 것입니다.

10年以后我会成为能说三种外语的，有能力的公司员工。在需要去海外工作的贵公司里，会说外语是必需的一个条件。所以我进入贵公司以后也要天天刻苦地学习外语。

 会说外语是必需的一个条件(○) → 会说外语是必要的一个条件(△)

03 10년이 지난 오늘, 저는 미국에서 관광하고 있을 것입니다. 그날이 바로 제가 승무원이 된 지 10주년이 되는 날이기 때문입니다. 저는 이미 1만 시간 이상을 비행한 사무장이 되었습니다. 저에게 승무원이 된 일은 제 인생에서 가장 훌륭한 선택 중의 하나였습니다.

10年以后的今天，我会去美国观光旅游。那天就是我成为乘务员的10周年纪念日。我已经成为飞了一万个小时的乘务长了。对我来说，成为乘务员就是我人生中最明智的选择之一。

生词

设想 shèxiǎng 동 상상하다 | 可能 kěnéng 부 아마도 | 次长 cìzhǎng 명 일반 회사의 차장 직급, (각 정부의) 차관 | 通过 tōngguò 동 지나가다 | 充分 chōngfèn 부 충분히 | 发挥 fāhuī 동 발휘하다 | 才能 cáinéng 명 재능, 솜씨 | 刻苦 kèkǔ 형 몹시 애를 쓰다 | 旅游 lǚyóu 동 여행하다 | 纪念日 jìniànrì 명 기념일 | 乘务长 chéngwùzhǎng 사무장 | 明智 míngzhì 형 총명하다

면접 TIP

시선은 당당하고 자신감 있게!

면접관이 여러 명일 때 시선을 골고루 주어야 한다. 너무 산만하게 이 사람 저 사람 쳐다보는 건 물론 금물이지만, 한 사람만을 집중해서 보며 답변하는 것도 좋지 않다. 문장이 끝나면 차분하게 다른 사람에게 시선을 옮기는 연습을 하자.

면접현장 대화 Scene 7

지원동기 및 포부 1

면접관 우리 회사에 왜 지원하였습니까?

你为什么选择我们公司?

면접자 저는 대학생 때부터 해외영업분야에서 일하는 것을 꿈꿔왔습니다. 귀사가 해외영업분야에서 가장 경쟁력 있는 회사라고 생각하여 지원하게 되었습니다.

我大学期间就想从事海外营销方面的工作。我认为贵公司是在海外营销领域中最有竞争力的公司,所以我选择了贵公司。

면접관 그런데 전공이 지원분야와 다르네요?

不过,你的专业和应聘的部门不对口吧?

면접자 예, 제 전공은 서방문화문학입니다. 대학공부를 통해서 저는 서방국가의 생활습관뿐만 아니라 그들의 사고방식에 대해서도 이해하게 되었습니다. 저는 이러한 공부가 해외영업부서에서 근무하는데 도움이 될 것이라 생각합니다. 최근에는 귀사의 해외영업부에 들어가기 위해 중국어 공부를 시작하였습니다.

是,我的专业是西方文化文学。我通过大学的学习,不仅了解了西方国家的生活习惯,还懂得了他们的思维方式。我认为这对在海外营销部门工作很有帮助。最近为了加入贵公司的海外营销部门,我开始学习汉语。

면접관 더 하고 싶은 이야기가 있나요?

你还有什么想说的吗?

면접자 만약 운이 좋게 귀사의 일원이 된다면, 최선을 다해 일하며 귀사의 발전에 기여하겠습니다. 오늘 저에게 면접의 기회를 주셔서 감사합니다! 꼭 다시 한 번 면접관님들을 만나 뵙길 바랍니다.

如果有幸能成为贵公司的一员,我将不遗余力努力工作,为贵单位的发展贡献我的力量。谢谢今天给我面试的机会。我希望能再次见到你们!

면접현장 대화 **Scene 8**

지원동기 및 포부 2

면접관 왜 우리 회사에 지원하였습니까?

你为什么应聘我们公司?

면접자 저는 줄곧 서비스분야에서 가장 잠재력이 있는 귀사에 입사하고 싶었습니다. 특히 귀사만이 가지고 있는 독특한 기업문화와 좋은 근무환경에 마음이 끌렸습니다.

因为我一直想进入在服务领域最有潜力的贵公司。尤其是贵公司有着独一无二的企业文化和良好的工作环境深深地吸引了我。

면접관 만일 우리회사와 다른 업체에 모두 합격한다면 어떻게 하겠습니까?

如果你通过了两个公司的面试,你会选择哪个公司?

면접자 저는 물론 주저 없이 귀사를 선택할 것입니다. 대학교 3학년 때부터, 저는 귀사에 입사하고자 준비해왔습니다. 저에게 이것은 고민할 가치가 없습니다.

我当然会毫不犹豫地选择贵公司。我上大三时已经开始准备应聘贵公司了。这对我来说没什么好考虑的。

면접관 우리가 당신을 채용한다면, 회사를 위해 어떠한 노력을 하시겠습니다.

如果我们录用你,那你会为公司做出什么样的努力?

면접자 만일 귀사에 채용된다면, 반드시 열심히 일하여 저에 대한 회사의 기대를 저버리지 않을 것입니다. 단기적인 목표는 기업이 더 많은 이윤을 창출하는데 기여하는 것이고, 장기적 목표는 기업을 제 자신처럼 여겨 함께 발전해 나가는 것입니다.

如果我能到贵公司就业,一定会努力工作,不辜负贵公司对我的信任。我的短期目标是为企业创造更多的财富,长期目标就是与企业合成一体,与公司共同进退。

중국시사
中国时事

돌다리 질문 1- **1** 당신이 생각하는 중국은 어떤 나라입니까?

돌다리 질문 1- **2** 어떠한 점을 통해 중국의 위상이 달라졌다는 것을 느끼나요?

돌다리 질문 2- **1** 가장 관심을 가지고 있는 중국정치 이슈는 무엇입니까?

돌다리 질문 2- **2** 가장 관심을 가지고 있는 중국경제 이슈는 무엇입니까?

돌다리 질문 2- **3** 가장 관심을 가지고 있는 중국사회 이슈는 무엇입니까?

돌다리 질문 3- **1** 가장 기억에 남는 중국문화는 무엇입니까?

돌다리 질문 3- **2** 한류열풍에 대해 어떻게 생각합니까?

1 당신이 생각하는 중국은 어떤 나라입니까?

请说说你心目中的中国。

在你心目中，中国是一个什么样的国家？

▶ 꼭! 알아두기　**在你心目中** 당신이 생각하는

01 중국하면 가장 먼저 떠오르는 것은 세계에서 인구가 가장 많은 국가라는 점입니다. 현재 중국 인구는 대략 13억 정도로 한국의 약 27배입니다. 많은 인구를 통제하기 위해, 이전에 중국정부에서는 세계에서 가장 엄격한 인구정책을 채택했었지만, 최근에는 '단독 2자녀 정책'을 시행하고 있습니다.

提到中国，我首先想到的是中国是世界上人口最多的国家。目前中国人口大概有13亿，是韩国的27倍左右。为了控制人口，以前中国政府采取了世界上最严格的人口政策。但是最近放开了"单独二胎"。

02 중국은 한국과는 다르게 56개의 민족으로 이루어진 다민족 국가입니다. 그중, 한족은 56개 민족 중 인구가 가장 많은 민족이자 세계적으로 인구가 가장 많은 민족이기도 합니다. 한족 이외에 몽고족, 만주족, 조선족, 회족 등 55개 소수민족이 있습니다.

中国跟韩国不一样，中国是由56个民族组成的多民族国家。其中汉族是中国56个民族中人口最多的民族，也是世界上人口最多的民族。除了汉族以外，还有蒙古族，满族，朝鲜族，回族等55个少数民族。

03 현재 중국은 전세계에서 매우 중요한 위치를 차지하고 있습니다. 많은 해외기업들이 중국에 투자하고 중국회사와 협력하고 싶어합니다. 그들은 중국시장이 매우 크고 각종 자원이 풍부하며 우수한 인재도 많다고 생각합니다. 저 또한 앞으로 중국이 세계에 미치는 영향력이 더욱 커질 것이라 생각합니다. 만약 제가 중국어를 할 수 있다면, 제 스스로의 발전에도 분명 큰 도움이 될 것입니다.

目前中国在世界上占有很重要的地位。许多外国公司想在中国投资，跟中国公司合作。他们都认为中国市场非常大，各种资源都很丰富，优秀人才也很多。我也认为以后中国对世界的影响会更大。如果我能掌握汉语，那么肯定会对我个人的发展有很大的帮助。

我也认为以后中国对世界(○) → 我也认为未来中国对世界(△)

지난 몇 년간 중국경제가 빠르게 성장하면서, 중국은 미국에 이어 제2의 강대국으로 발돋움하였습니다. 한국은 양국관계가 더욱 긴밀해지도록 해야 할 뿐만 아니라, 중국과의 우호적 동반자관계로 발전시켜 나가도록 노력해야 합니다.

中国经济经过近几年的高速增长，已跃升为仅次于美国的第二大强国了。韩国应该努力使两国的关系变得更加紧密，并努力发展与中国的友好伙伴关系。

生词

大概 dàgài 분 대략 | **倍** bèi 양 배 | **控制** kòngzhì 동 통제하다, 제어하다 | **政府** zhèngfǔ 명 정부 | **采取** cǎiqǔ 동 채택하다, 취하다 | **政策** zhèngcè 명 정책 | **单独二胎** dāndú èrtāi 단독 2자녀 정책 | **民族** mínzú 명 민족 | **组成** zǔchéng 동 구성하다 | **汉族** Hànzú 명 한족 | **蒙古族** Měnggǔzú 명 몽골족 | **满族** Mǎnzú 명 만주족 | **朝鲜族** Cháoxiǎnzú 명 조선족 | **回族** Huízú 명 회족 | **少数民族** shǎoshù mínzú 명 소수민족 | **占有** zhànyǒu 동 점유하다 | **许多** xǔduō 형 매우 많다 | **投资** tóuzī 동 투자하다 | **合作** hézuò 동 협력하다 | **资源** zīyuán 명 자원 | **丰富** fēngfù 형 풍부하다 | **高速增长** gāosù zēngzhǎng 고속성장 | **跃升** yuèshēng 동 도약하다, 부상하다 | **仅次于……** jǐn cìyú…… 버금가다, ~의 다음가다 | **强国** qiángguó 명 강대국 | **紧密** jǐnmì 형 (관계가) 긴밀하다 | **友好** yǒuhǎo 형 우호적이다 | **伙伴关系** huǒbàn guānxi 협력관계, 동반자관계

유형연습

除了 ☐☐☐☐ 以外，我还 ☐☐☐☐ 。

연습단어　　中文书 / 有外文书　　　吃肉 / 爱吃蔬菜　　　滑雪 / 会滑冰

蔬菜 shūcài 명 채소 | 滑雪 huáxuě 명 스키 | 滑冰 huábīng 명 스케이팅

2 어떠한 점을 통해 중국의 위상이 달라졌다는 것을 느끼나요?

从哪一点你可以看出中国在世界上的地位的变化?
从哪一点你可以看出中国的国际地位上升了?

▶ 꼭 알아두기 **从哪一点你可以看出……** 어떠한 점을 통해 ~을 알 수 있습니까

---

01 방학 때, 저는 중국 북경과 상해에 놀러 갈 기회가 있었습니다. 북경과 상해는 제가 생각했던 것보다 훨씬 발전된 도시였습니다. 중국의 발전 수준이 정말 놀라웠습니다.

放假的时候我有机会去中国北京和上海玩儿。北京和上海的发展水平比我想象的要快得多。中国的发展水平真的让我很吃惊。

> 징검다리 发展水平比我想象的要快得多(○) → 发展水平比我想象的还高点(△)

02 현재 한국 대학에서 중국유학생들을 발견하는 것은 그리 어려운 일이 아닙니다. 또한 명동에 가면 쇼핑을 하는 중국 관광객을 쉽게 찾아볼 수 있습니다. 이러한 점들을 통해 저는 중국사람들의 생활수준과 소비수준, 구매력이 이전보다 높아졌다는 것을 알 수 있었습니다.

目前在韩国大学里要发现中国留学生并不是那么难，而且去明洞闹市区也很容易就能看到购物的中国游客。从这一点我可以看出中国人的生活水平、消费水平、以及购买力比以前有了很大的提高。

---

03 저는 아직도 2008년 북경 올림픽의 성대한 개막식을 기억하고 있습니다. 당시 중국은 북경 올림픽을 성공적으로 개최하였고, 올림픽은 마치 중국 개혁개방 30년의 거대한 발전을 상징하는 것 같았습니다. 저는 그들이 올림픽을 통해 세계 속에 중국의 중요한 위치를 충분히 증명해 보였다고 생각합니다.

我还记得2008年北京奥运会盛大的开幕式。当时中国成功举办了北京奥运会，它好像象征了中国改革开放30年的巨大发展。我认为他们通过奥运会充分证明了中国在世界上的重要地位。

 개혁개방의 추진에 중국경제는 30여 년의 고속성장을 이루어왔습니다. 중국의 경제 성장률은 줄곧 경제성장 시기에 있던 서방국가들의 성장률을 훨씬 뛰어넘는 7~8% 수준을 유지해 왔습니다. 이는 곧 중국의 국제적 위상이 이전과는 완전히 달라졌다는 것을 의미합니다.

在改革开放的推动下，中国经济经历了三十年的高速增长。中国的经济增长率一直保持在7~8%的速度，远远大于西方国家经济繁荣时期的增长率，这意味着中国在世界上的地位跟以前完全不一样了。

增长率一直保持在……的速度(○) → 增长率一直保持了……的速度(△)

生词

想象 xiǎngxiàng 명통 상상(하다) | 吃惊 chījīng 동 놀라디 | 明洞 Míngdòng 명 (지명) 밍둥 | 闹市区 nàoshìqū 번화가 | 购物 gòuwù 동 물건을 사다 | 游客 yóukè 명 관광객 | 购买力 gòumǎilì 명 구매력 | 奥运会 Àoyùnhuì 명 올림픽 | 盛大 shèngdà 형 성대하다 | 开幕式 kāimùshì 명 개막식 | 好像 hǎoxiàng 부 마치 ~와 같다 | 象征 xiàngzhēng 동 상징하다 | 改革开放 gǎigé kāifàng 개혁개방 | 充分 chōngfèn 부 충분히 | 证明 zhèngmíng 동 증명하다 | 推动 tuīdòng 동 추진하다 | 经济增长率 jīngjì zēngzhǎnglǜ 경제 성장률 | 保持 bǎochí 동 유지하다 | 速度 sùdù 명 속도 | 远远 yuǎnyuǎn 부 크게, 대단히 | 大于 dàyú ~보다 크다 | 繁荣 fánróng 동 번영하다, 크게 발전하다 | 意味着 yìwèizhe 동 의미하다, 뜻하다

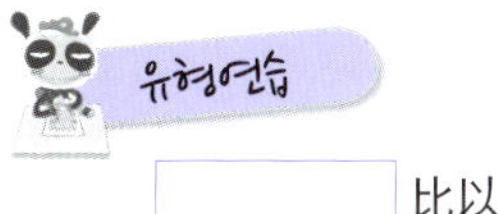

　　　　　　　　比以前有了很大的提高。

연습단어　　我的成绩　　　思想　　　妇女地位　　　英语水平

1 가장 관심을 가지고 있는 중국정치 이슈는 무엇입니까?

你最关心的中国政治热点有哪些?
你最关注的中国政治热点是什么?

▶ 꼭! 알아두기 **政治热点** 정치 이슈

01 저는 중국의 외교정책과 대외관계에 관심이 있습니다. 그중에서도 저는 특히 북한 핵문제에 대한 중국의 태도를 예의주시하고 있습니다. 북한이 줄곧 중국과 긴밀한 관계를 유지하고 있고, 북한 핵문제의 해결은 한반도 평화와 우리나라 안보에 있어 매우 중요한 문제이기 때문입니다.

我很关心中国的外交政策和对外关系，其中我特别关注中国对朝鲜核问题的态度。因为朝鲜一直以来与中国保持紧密关系，而且对韩半岛的和平与韩国安全保障来说，解决朝鲜核问题是非常重要的。

점검
다리 我很关心中国的……关系(○) → 我对中国的……关系很关心(△)

02 제가 가장 관심이 있는 중국 정치문제는 부패문제입니다. 왜냐하면 모든 국가가 정치적으로 부패문제를 가지고 있기 때문입니다. 저는 한 국가가 부패가 만연한 정치에서 청렴정치로 변모해 가는 과정이 매우 흥미롭습니다. 중국의 부패문제를 이해하는 것은 중국정치를 이해하는데 중요한 부분이 될 것이라 생각합니다.

我最关注的中国政治问题是腐败问题。因为每个国家都有政治腐败问题。我觉得一个国家如何从腐败泛滥转变为清廉政治是一个更加吸引人的问题。我认为了解中国的腐败问题将会是理解中国政治的一个重要环节。

03 최근 신문에서 중국정부가 중국 대륙과 대만 관계의 평화적인 발전을 중시하겠다는 기사를 본 적이 있습니다. 중국의 민족분열 상황은 우리와 비슷하지만 중국 대륙과 대만은 경제문화의 교류와 협력을 지속해서 추진하고 있다는 점이 매우 인상 깊었습니다.

最近我在报纸上看到中国政府高度重视两岸关系和平发展。中国民族分裂的情况跟我们差不多，但大陆和台湾持续推动两岸经济文化的交流与合作，这给我留下了深刻的印象。

 한국은 일본과의 영토 분쟁문제가 있기 때문에, 양국 간의 관계가 종종 나빠지기도 합니다. 조어도 영유권 분쟁으로 인하여 중국도 현재 우리와 비슷한 상황에 직면해 있습니다. 그래서 저는 현재 중국정부가 영토분쟁문제를 해결하는데 어떠한 노력을 하는지에 대해 관심이 있습니다.

在韩国和日本之间存在着一个领土纷争问题，所以两国关系常常变得很紧张。由于钓鱼岛主权争端，目前中国也面临着跟我们类似的情况。因此我现在最关注中国政府在解决领土纷争问题方面做出了什么样的努力。

领土纷争问题(○) → 领土争端问题(△)

🔍 生词

热点 rèdiǎn 몡 핫이슈, 관심사 | **关注** guānzhù 됭 관심을 가지다 | **外交政策** wàijiāo zhèngcè 외교정책 | **对外关系** duìwài guānxi 대외관계 | **朝鲜核** Cháoxiǎnhé 북한 핵 | **朝鲜** Cháoxiǎn 몡 (지명) 북한 | **保持** bǎochí 됭 유지하다 | **紧密关系** jǐnmì guānxi 긴밀한 관계 | **韩半岛** Hánbàndǎo 몡 (지명) 한반도 | **安全** ānquán 혱 안전하다 | **保障** bǎozhàng 몡 보장 | **腐败** fǔbài 됭 부패하다 | **泛滥** fànlàn 됭 범람하다 | **转变** zhuǎnbiàn 됭 바뀌다, 전환하다 | **清廉** qīnglián 혱 청렴하다 | **环节** huánjié 몡 부분, 일환 | **高度** gāodù 혱 고도의, 정도가 높은 | **两岸** liǎng'àn 몡 중국 대륙과 대만 | **分裂** fēnliè 됭 분열하다 | **大陆** dàlù 몡 대륙 | **持续** chíxù 됭 지속하다 | **领土** lǐngtǔ 몡 영토 | **纷争** fēnzhēng 몡 분규, 분쟁 | **钓鱼岛主权争端** Diàoyúdǎo zhǔquán zhēngduān 조어도 영유권 분쟁 | **面临** miànlín 됭 (문제, 상황에) 직면하다 | **类似** lèisì 혱 유사하다, 비슷하다

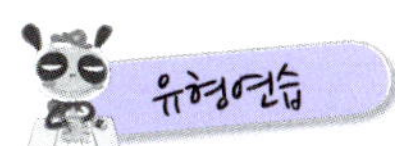

我最关注的中国政治问题是 ☐ 。

韩中关系　　　　　　人权问题

中国的对外政策　　　　六方会谈

六方会谈 liùfáng huìtán 6자 회담

② 가장 관심을 가지고 있는 중국경제 이슈는 무엇입니까?

你最关心的中国经济热点有哪些?
你最关注的中国经济热点是什么?

▶ 꼭 알아두기 **经济热点** 경제 이슈

01 경제가 빠르게 발전함에 따라, 중국의 도시화 비율이 크게 높아졌지만 도시와 농촌 간의 소득 격차, 농촌의 고령화 등 중국의 농촌문제가 갈수록 심각해지고 있습니다. 중국이 강대국으로 나아가기 위해 농촌문제를 해결하는 것이 급선무라고 생각합니다.

随着中国经济的快速发展，中国的城市化比率大幅度提高，但是包括城乡收入差距拉大，农业经营者老龄化等在国内的农村问题日益突出。我认为为了使中国跃升为强国，解决农村问题是当务之急。

02 현재 많은 한국기업이 중국에 투자하거나 진출하고 있습니다. 귀사도 중국시장 진출을 계획하고 있다고 들었습니다. 중국의 투자환경이 전반적으로 개선되고 발전하고 있지만 아직도 외자에 대한 각종 규제가 산재하고 있습니다. 그래서 중국의 기업 투자환경과 기업 경영환경을 이해하기 위해, 요즘 저는 관련 서적과 이미 중국시장에 진출한 기업에 관련된 논문을 읽고 있습니다.

目前不少韩国企业在中国投资或者进入中国市场。我听说贵公司也打算开拓中国市场。虽然中国的投资环境总体上正在不断改善和进步，但是还是存在着对外资的各种限制。所以为了了解中国的企业投资环境和企业经营环境，我现在正在看相关书籍和关于已经进入中国市场的企业的论文。

징검다리 我现在正在看相关书籍(○) → 我现在看相关书籍(△)

03 최근 중국의 자원외교는 매우 놀라운 정도입니다. 중국경제가 빠르게 발전하면서 각종 자원에 대한 수요도 지속적으로 확대됨에 따라 중국은 자원외교를 더욱 가속화하고 자원 공급국과의 경제무역 관계도 강화하고 있습니다. 한국도 에너지자원을 확보하기 위하여 반드시 더 넓은 범위와 영역에서 자원외교를 적극적으로 확대해 나가야 합니다.

最近中国的资源外交非常让人吃惊。随着中国经济的快速发展，对各种资源的需求不断加大，中国正在深化和加速资源外交，与资源供应国也强化了经贸关系。为了确保能源，韩国也必须在更大范围、更多领域中积极拓展资源外交。

04 경제가 글로벌화됨에 따라, 점점 더 많은 국가가 글로벌 경제협력에 적극 참여하고 있고, 한국과 중국도 예외는 아닙니다. 그래서 저는 최근 한중 FTA에 가장 관심이 있습니다. 현재 한중 양국성부는 FTA협상을 진행 중이며 제10차 협상이 막 종료되었지만, 양측이 각자의 견해를 주장하여 견해차를 좁히지 못하고 있습니다. 한국과 중국이 함께 노력하여 조속한 시일 내에 서로 Win-Win할 수 있는 협정을 맺었으면 좋겠습니다.

随着经济全球化的发展，越来越多的国家积极参与国际经济合作。韩国和中国也不例外。所以最近我最关注的是韩中自由贸易协定(FTA)进程。现在韩中两国政府正在进行自由贸易协定谈判，韩中自由贸易协定第十轮谈判刚刚结束，但因为双方各持己见，所以未能缩小意见分歧。我希望韩中双方共同努力，尽早达成互利共赢的协定。

🔍 生词

城市化比率 chéngshìhuà bǐlǜ 도시화율 | **大幅度** dàfúdù (사물의 변화, 발전 등이) 대폭적인 | **城乡** chéngxiāng 명 도시와 농촌 | **拉大** lādà 동 커지다, 벌어지다 | **老龄化** lǎolínghuà 노령화 | **日益** rìyì 부 나날이 | **突出** tūchū 동 두드러지다, 부각되다 | **当务之急** dāngwù zhījí 성어 급선무, 당장 급한 일 | **投资** tóuzī 동 투자하다 | **开拓** kāituò 동 개척하다 | **总体上** zǒngtǐ shàng 전반적으로 | **改善** gǎishàn 동 개선하다 | **外资** wàizī 외자(외국 자본의 줄임말) | **限制** xiànzhì 명 제한, 제약 | **资源外交** zīyuán wàijiāo 자원외교 | **深化** shēnhuà 동 심화되다 | **加速** jiāsù 동 가속화하다 | **强化** qiánghuà 동 강화하다 | **经贸关系** jīngmào guānxi 경제무역 관계 | **确保** quèbǎo 동 확보하다 | **能源** néngyuán 명 에너지 | **拓展** tuòzhǎn 동 넓히다, 확장하다 | **全球化** quánqiuhuà 국제화, 글로벌화 | **不例外** bú lìwài 예외가 아니다 | **进程** jìnchéng 명 진행과정 | **谈判** tánpàn 명 협상 | **自由贸易协定** zìyóu màoyì xiédìng 자유무역협정(FTA) | **双方** shuāngfāng 명 쌍방, 양자 | **各持己见** gèchí jǐjiàn 성어 각자 자기의 견해를 주장하다 | **缩小** suōxiǎo 동 축소하다 | **分歧** fēnqí 명 불일치 | **互利共赢** hùlì gòngyíng 서로 윈윈(Win-Win)하다

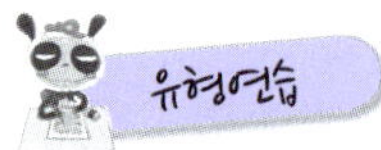

我最关注的中国经济问题是 ______ 。

연습단어

中国的经济增长率　　　　　　　二元经济结构

中国内需市场的发展潜力

二元经济 èryuán jīngjì 명 이중경제 | 内需市场 nèixū shìchǎng 국내시장 | 潜力 qiánlì 명 잠재력

면접 TIP

한국어 면접과 중국어 면접에는 차이가 있다는 것을 항상 명심하자!

중국어 면접은 한국어 면접과는 다르게 어려운 단어, 평소 쓰지 않는 어려운 표현을 많이 쓰는 것이 목적이 아니고, 자신이 표현할 수 있는 표현으로 자신의 생각을 전달하는 것이 가장 중요하다! 생각을 표현하는 것이 중요하기 때문에 평소 단순하고 쉬운 용어로 차분하게 이야기하는 연습을 많이 해야 한다.

3 가장 관심을 가지고 있는 중국사회 이슈는 무엇입니까?

你最关心的中国社会热点有哪些?
你最关注的中国社会热点是什么?

▶ 꼭! 알아두기　**社会热点** 사회 이슈

---

01 중국은 한국과 마찬가지로 청년실업 문제가 매우 심각합니다. 현재 중국사회는 대학 졸업생들의 취업난으로 어려움에 직면해 있습니다. 북경대나 청화대 등 우수한 대학의 졸업생들은 좋은 직장에 취직할 수 있지만, 이 또한 모두가 그런 것은 아닙니다. 이는 중국사회의 안정을 위협하는 가장 큰 문제가 되었습니다.

中国青年的就业问题和韩国一样严重。目前中国社会因大学毕业生的就业难而面临困境。北京大学、清华大学等名牌儿大学毕业生虽然能找到不错的工作，但也不是人人如此。这已经成为威胁到中国社会稳定的最大问题。

---

02 중국 친구에게 농민공 문제가 중국사회의 주요 관심사 중 하나라고 들은 적이 있습니다. 중국은 농민공이 없었다면 지금과 같은 빠른 도시화 발전과정이 분명 없었을 것으로 생각합니다. 하지만 이들의 사회적 지위와 대우는 여전히 좋지 않습니다. 제가 가장 안타깝게 생각하는 점은 도시 호적이 없는 농민공은 많은 사회 복지혜택을 누릴 수 없다는 것입니다.

我听中国朋友说过农民工问题是中国社会的热点问题之一。我认为中国没有农民工的付出也必然不会有如此迅速的城市化进程，但是他们的社会地位和待遇仍然不太好。我觉得很可悲的是，农民工没有城市户口，没有户口就不能享受很多社会福利。

03 최근 몇 년간, 중국에서는 식품안전사고가 빈번하게 발생하고 있습니다. 이는 중국인들이 식품을 구매하고 먹을 때 항상 불안하게 합니다. 그래서 점점 많은 외국의 수입식품들이 중국인의 식탁에 오르고 크게 환영받고 있습니다. 이에 매년 열리는 전국인민대표 정치협상회의에서는 '식품 안전'이 많은 정치인이 열띠게 토론하는 이슈가 되었습니다.

近年来，在中国频繁发生一系列食品安全事件，这让老百姓在买东西，吃东西的时候提心吊胆。所以越来越多的外国进口食品搬上了中国人的餐桌，广受欢迎。因此在每年召开的全国人大政协会议上，"食品安全"成为众多政界人士热议的话题。

外国进口食品搬上了中国人的餐桌(○) → 外国进口食品搬上中国人的餐桌(△)

04 중국은 세계에서 인구가 가장 많은 국가입니다. 그래서 인구를 통제하기 위해, 중국은 1971년부터 세계에서 가장 엄격한 인구통제 정책인 '산아제한 정책'을 시행해 왔습니다. 그런데 최근 중국의 산아제한 정책에 큰 변화가 있었습니다. 2013년 11월, 중국정부는 부부 중 한 명이 독자일 경우 2명의 자녀를 허용하는 '단독 2자녀 정책'을 시행하기로 하였습니다. 이번 단독 2자녀 정책을 통해 중국 인구의 구조적 문제가 해결되었으면 좋겠습니다.

中国是世界上人口最多的国家，所以为了控制人口，中国从1971年开始执行全世界最严格的人口控制政策"计划生育"。不过最近中国的计划生育政策有了很大的变化。2013年11月，中国政府决定放开"单独二胎"，即有一方是独生子女的夫妇可以生育两个孩子。我希望通过单独二胎来解决中国人口存在的结构性问题。

🔍 生词

青年 qīngnián 명 청년 ｜ 名牌(儿)大学 míngpái(r) dàxué 명문대학 ｜ 人人 rénrén 명 사람마다 ｜ 如此 rúcǐ 대 이와 같다 ｜ 威胁 wēixié 동 위협하다 ｜ 农民工 nóngmíngōng 명 농민공(농촌출신 노동자) ｜ 迅速 xùnsù 형 신속하다 ｜ 进程 jìnchéng 명 발전과정, 진전 ｜ 社会地位 shèhuì dìwèi 명 사회적 지위 ｜ 待遇 dàiyù 명 대우 ｜ 可悲 kěbēi 형 슬프다, 가엾다 ｜ 户口 hùkǒu 명 호적 ｜ 享受 xiǎngshòu 동 누리다 ｜ 社会福利 shèhuì fúlì 명 사회복지 ｜ 频繁 pínfán 형 빈번히 ｜ 食品安全 shípǐn ānquán 식품안전 ｜ 提心吊胆 tíxīn diàodǎn 성어 매우 걱정하다, 불안해하다 ｜ 召开 zhàokāi 동 (회의를) 열다, 개최하다 ｜ 全国人大 quánguó réndà 전국인민대표대회(全国人民代表大会)의 약칭 ｜ 政协 zhèngxié 정치협상회의(政治协商会议)의 준말 ｜ 政界 zhèngjiè 명 정계 ｜ 热议 rèyì 광범위하고 열렬하게 토론하다 ｜ 执行 zhíxíng 동 실시하다, 실행하다 ｜ 计划生育 jìhuà shēngyù 명 산아제한 정책 ｜ 放开 fàngkāi 동 (제한을) 완화하다 ｜ 单独二胎 dāndú èrtāi 단독 2자녀 정책 ｜ 独生子女 dúshēng zǐnǚ 명 독자나 독녀, 외아들이나 외동딸

1 가장 기억에 남는 중국 문화는 무엇입니까?

你印象最深的中国文化有哪些?
对中国文化印象最深的是什么?

▶ 꼭 알아두기 **中国文化** 중국문화

01 북경은 3000년의 유구한 역사를 지닌 문화 고도로서, 많은 명승고적과 세계적으로 유명한 관광명소가 있습니다. 천안문 광장, 이화원, 향산공원, 만리장성 등 이러한 북경의 명승고적들이 인상적이었습니다.

北京市是一座具有三千年悠久历史的文化古城，所以有很多名胜古迹和世界上著名的游览胜地。我对天安门广场，颐和园，香山公园，万里长城等这些北京的名胜古迹的印象都很深。

02 북경에서 유학할 때 북경의 후통을 가본 적이 있습니다. 이곳은 중국만이 가지고 있는 독특한 문화로서 매우 인상적이었습니다. 북경인 친구의 의견으로는, 옛 북경의 후통은 사합원이나 민가와 연결된 통로이며 북경에는 셀 수없이 크고 작은 후통이 많이 있다고 합니다.

在北京留学的时候我去过北京胡同，这是中国特有的文化奇观，给我留下了深刻的印象。据我的北京朋友说，老北京的胡同是由四合院或民居连成的通道，北京有数不清的大大小小的胡同。

03 저는 중국요리, 특히 북경 오리구이, 양고기 샤브샤브, 천진 거우부리만두를 매우 좋아합니다. 중국요리는 종류가 많고 맛이 좋아 사람들에게 매우 환영받습니다. 중국 지역이 넓어서 중국 각 지역의 요리에도 뚜렷한 차이를 보입니다. 일반적으로 남방사람은 밥을 주식으로, 북방사람은 면 요리를 주식으로 한다고 이야기합니다.

我很喜欢吃中国菜，特别是北京烤鸭，涮羊肉，还有天津狗不理包子。中国菜种类很多，味道鲜美，很受人们欢迎。由于中国地区广大，中国各地的菜也有着明显的区别。听说，一般南方人以米饭为主食，北方人以面食为主食。

04 중국문화를 이야기할 때 중국의 차문화를 빼놓을 수 없습니다. 중국은 찻잎의 고향으로서, 차 제조와 차를 마시는 몇천 년의 역사를 가지고 있습니다. 중국 지역이 넓기 때문에 각 지역의 차 마시는 습관도 다릅니다. 일반적으로, 남방사람은 녹차를 즐겨 마시고 북방사람은 화차를 즐겨 마신다고 이야기합니다. 중국에는 서호 용정차, 운남 보이차, 소주 모리화차 등이 유명하며, 그중 저는 보이차를 가장 좋아합니다.

说到中国文化，就不能不说中国的茶文化。中国是茶叶的故乡，制茶和饮茶已有几千年的历史。由于中国地区广大，各地喝茶的习惯也不一样。听说，一般南方人喜欢喝绿茶，北方人喜欢喝花茶。中国的名茶主要有西湖龙井茶，云南普洱茶，苏州茉莉花茶等，其中我最喜欢喝普洱茶。

生词

悠久 yōujiǔ 형 유구하다, 아득하게 오래다 | 古城 gǔchéng 명 고도, 오래된 도시 | 名胜古迹 míngshèng gǔjì 명 명승고적 | 著名 zhùmíng 형 유명하다 | 游览 yóulǎn 동 유람하다 | 胜地 shèngdì 명 명소, 명승지 | 天安门广场 Tiān'ānmén guǎngchǎng 천안문 광장 | 颐和园 Yíhéyuán 이화원 | 香山公园 Xiāngshān gōngyuán 항산공원 | 万里长城 Wànlǐ Chángchéng 만리장성 | 胡同 Hútòng 명 후통, 골목 | 奇观 qíguān 명 기이한 풍경 | 四合院 Sìhéyuàn 명 사합원(북경의 전통주택 양식) | 民居 mínjū 명 민가 | 通道 tōngdào 명 통로 | 数不清 shǔbuqīng 동 셀 수 없다 | 北京烤鸭 Běijīng kǎoyā 명 (음식) 북경 오리구이 | 刷羊肉 shuàyángròu 명 (음식) 양고기 샤브샤브 | 天津狗不理包子 Tiānjīn gǒubùlǐ bāozi 명 (음식) 천진 거우부리만두 | 味道 wèidao 명 맛 | 鲜美 xiānměi 형 맛있다 | 区别 qūbié 명 차이 | 面食 miànshí 명 면 요리 | 制茶 zhìchá 차를 만들다 | 饮茶 yǐnchá 차를 마시다 | 绿茶 lǜchá 명 녹차 | 花茶 huāchá 명 화차 | 名茶 míngchá 명 명차(유명한 차) | 西湖 Xīhú 명 (지명) 서호 | 龙井茶 lóngjǐngchá 명 용정차(녹차의 일종) | 云南 Yúnnán 명 (지명) 운남 | 普洱茶 pǔ'ěrchá 명 보이차 | 苏州 Sūzhōu 명 (지명) 소주 | 茉莉花茶 mòlì huāchá 명 모리화차(자스민차)

유형연습

说到 ☐☐☐ ，就不能不说 ☐☐☐ 。

연습단어

北京 / 北京烤鸭　　　韩国文化 / 韩流

足球 / 巴西　　　他的性格 / 他最大的缺点

2 한류열풍에 대해 어떻게 생각합니까?

你怎么评价韩流现象?
你怎么看待韩流现象?

▶  꼭! 알아두기　韩流现象 한류열풍

01 1990년대부터 한국 드라마는 중국 드라마시장에 진출하여 중국 TV 시청자들에게 줄곧 큰 사랑을 받아 왔습니다. 현재 한류열풍은 아시아 국가에 보편적으로 존재할 뿐만 아니라 세계 여러 지역에서 빠르게 확장되고 있습니다. 한국문화 산업의 성공적인 수출은 한국에 거대한 경제적 수익을 가져왔고, 국제무대에서 강한 가치관을 부여주었습니다. 한류의 발전은 한국인으로써 저에게 강한 민족적 자부심을 느끼게 하였습니다.

从90年代开始，韩剧进入中国电视剧市场后就一直深受中国电视观众的喜爱与追捧。现在呢，韩流现象不仅在亚洲多国普遍存在，在世界其他地区也迅速发展。韩国文化产业的成功输出，不仅使韩国获得了巨大经济效益，也在国际文化舞台上显现了其强劲的软实力。韩流的兴起使作为韩国人的我有了强烈的民族自豪感。

02 한류는 일본, 중국, 말레이시아 등 아시아 국가에서 특히 환영받고 있습니다. 거의 매월 한국의 스타들이 아시아 국가로 날아가 콘서트를 열고 입장권은 항상 매진되고 있으며, 한류족은 신제품 삼성 휴대폰을 사기 위해 심지어 며칠간의 줄서기를 마다치 않습니다. 저는 한류가 일시적인 현상이 아닌 양국을 이어주는 우정의 가교가 되었으면 좋겠습니다.

韩流在日本、中国、马来西亚等亚洲国家特别受欢迎，几乎每个月都有韩流明星飞到亚洲国家开演唱会，入场券每每销售一空。当地韩流迷为了买最新款的三星手机，甚至愿意排好几天的队。我希望韩流不是暂时现象，而是一座连接两国友谊的桥梁。

愿意排好几天的队(○) → 愿意排队好几天(△)

03 중국에서 인기를 끈 〈겨울연가〉, 〈대장금〉 등의 한국 드라마를 통해, 한국과 중국 간에는 공통의 감정, 공통의 가치관이 존재한다는 것을 알 수 있었습니다. 이것이 바로 중국 시청자들이 한국문화를 더 쉽게 받아들일 수 있었던 이유이기도 합니다. 저는 한류가 양국의 교류협력에 있어 점점 더 중요한 역할을 하고 있다고 생각합니다.

从走红中国的《冬季恋歌》，《大长今》等韩国电视剧来看，我发现韩国与中国之间有着共同的情感，共同的价值观。这就是韩国文化更容易被中国观众接受的原因。我认为韩流对两国交流合作起着越来越重要的作用。

04 중국 언론보도에 따르면, 중국에서 한국드라마 〈별에서 온 그대〉가 방영된 이후 한국인들이 즐겨 먹는 치킨과 맥주가 중국 젊은이들에게 환영받고 있으며, 심지어 조류인플루엔자로 인해 타격을 입은 일부 중국 가금시장을 회복시켰다고 합니다. 이는 드라마 속에서 "첫눈이 내릴 때, 어떻게 치킨과 맥주가 빠질 수 있어?"라는 여주인공 대사 때문입니다. 저는 드라마 한편의 영향력이 이렇게 크다는 것에 정말 놀랐습니다.

中国媒体报道说，韩剧《来自星星的你》在中国播出以后，韩国人喜欢吃的啤酒炸鸡很受中国年轻人的欢迎，甚至拯救了因禽流感而遭到损失的中国家禽业的部分市场。这是因为在剧中女主人公说的一句简单的台词——"下第一场雪时，怎么能没有炸鸡和啤酒？"。一部电视剧的影响力居然这么大，真让人吃惊。

韩剧……在中国播出以后（○） → 在中国播出韩剧……以后（△）

看待 kàndài 동 다루다, 취급하다 | 韩剧 Hánjù 명 한국 드라마 | 电视剧 diànshìjù 명 드라마 | 观众 guānzhòng 명 시청자 | 喜爱 xǐ'ài 동 좋아하다 | 追捧 zhuīpěng 동 열렬히 지지하다 | 普遍 pǔbiàn 형 보편적인, 일반적인 | 输出 shūchū 동 수출하다 | 巨大 jùdà 형 (규모, 수량 등이) 아주 크다 | 效益 xiàoyì 명 효과와 수익 | 舞台 wǔtái 명 무대 | 显现 xiǎnxiàn 동 분명하게 나타나다 | 强劲 qiángjìng 형 강하다 | 软实力 ruǎnshílì 명 가치관 | 兴起 xīngqǐ 동 발전하기 시작하다 | 强烈 qiángliè 형 강렬하다 | 民族自豪感 mínzú zìháogǎn 민족적 자부심 | 明星 míngxīng 명 스타 | 演唱会 yǎnchànghuì 명 콘서트 | 入场券 rùchǎngquàn 명 입장권 | 销售一空 xiāoshòu yìkōng 매진되다 | 新款 xīnkuǎn 형 새로운 스타일 | 甚至 shènzhì 부 ~까지도, ~조차도 | 连接 liánjiē 동 잇다, 연결하다 | 友谊桥梁 yǒuyì qiáoliáng 우정의 다리(가교) | 走红 zǒuhóng 동 인기 있다 | 冬季恋歌 Dōngjì liàngē 겨울연가 | 大长今 Dàchángjīn 대장금 | 情感 qínggǎn 명 감정 | 价值观 jiàzhíguān 명 가치관 | 媒体 méitǐ 명 대중 매체 | 来自星星的你 Láizì xīngxing de nǐ 별에서 온 그대 | 啤酒炸鸡 píjiǔ zhájī 치맥(치킨과 맥주) | 拯救 zhěngjiù 동 구조하다 | 禽流感 qínliúgǎn 명 조류인플루엔자 | 损失 sǔnshī 동 손해 보다 | 家禽 jiāqín 명 가금 | 主人公 zhǔréngōng 명 주인공 | 台词 táicí 명 대사

알고 찍으면 합격률도 2배!
취업사진 촬영 전 알아야 할 필수사항!

불과 몇 년 전만 해도 이력서에 붙이는 사진을 찍을 때에는 무표정과 경직된 자세가 마치 정답인 듯 모두 똑같은 표정, 똑같은 자세로 찍었던 사실을 알고 계시나요? 물론 중요한 이력서에 붙이는 사진이기 때문에 신중하고 정중한 모습이 담겨야 하는 것은 사실이지만, 그렇다고 남들과 똑같은 모습의 사진은 용납할 수 없겠죠? 취업사진 촬영 전 충분한 연습만으로도 같지만 왠지 모르게 남들과는 다른 분위기를 나타낼 수 있는 나만의 취업사진 촬영방법을 지금부터 공개합니다!

01 표현력과 적극성을 키우자

사신은 사진기의 셔터가 눌러진 순간의 모습만 기록할 수 있습니다. 영상과는 달리 말로써 전달할 수 없으므로 사진 촬영을 할 때는 평소보다 더 큰 표현력을 요구하죠. 그 예로 아직 말을 배우는 아이들을 생각해 보세요. 본인이 전달하고자 하는 것을 언어로 다 못하기 때문에 아이들은 항상 의사표현을 하고자 할 때 표정을 동반합니다. 그리고 차차 자라면서 본인이 전달하고 싶은 부분을 언어로 표현할 수 있을 때부터는 표정을 활용하지 않죠. 이렇게 성장하면서 점점 표정에서 나오는 표현력이 작아져 버리기 때문에 아이들보다 성인들이 촬영할 때 표현력이 작은 것입니다.

하지만 이러한 표현력은 적극성에서 비롯된다고 생각합니다. 본인 얼굴에서 나오는 표정에 자신감을 느끼고 적극적으로 표정을 지어보세요! 처음 만나는 촬영사한테 다양한 모습을 보여주는 건 아름다운 사진이 나오는 첫 번째 비결입니다.

02 지원하는 기업의 이미지를 파악하고 비율을 맞추자

내 얼굴은 "부모에게 물려받은 소중하고 예쁜 모습이다." 이렇게 이야기하기에는 지금 우리나라의 현실이 너무 가혹합니다. 한 명, 한 명의 사람마다 각자의 개성 있는 이미지가 있지만, 취업사진은 같은 크기의 비슷한 느낌으로 촬영한 여러 명의 사진을 면접관이 단시간에 보기 때문에, 면접관이 생각하고 있는 비율에서 벗어나 보이면 이질적으로 느껴질 수 있습니다. 표정, 리터치를 통해서 자신의 모습을 아름답게 만들어 내야 하기도 하지만, 과도한 수정은 오히려 어색함을 줄 수 있으니 주의하세요!

03 나의 '주름'을 사랑하자

주름은 내가 지금까지 살아온 흔적을 말해줍니다. 그 안에 나의 작은 습관들조차도 묻어나죠. 그래서 촬영 당일 신경 쓴다고 쉽게 바뀌지 않습니다. 주름이 신경 쓰인다면 본인이 보여주고 싶은 모습을 자연스럽게 표현할 수 없습니다. 즉, 그 주름조차도 자신 있게 촬영하세요! 촬영은 찍히는 사람과 찍는 사람이 함께하는 작업입니다. 촬영사는 나의 모습에서 장단점을 파악하고, 보완해 주는 역할을 하므로, 본인이 싫어하는 주름은 촬영 후 촬영사와 같이 수정보완단계를 거치면 됩니다.

04 소리를 내자

소리가 없는 표정은 단지 근육 스트레칭에 불과합니다. 우리 얼굴에서 드러나는 표정들은 내가 어느 부분을 움직여서 만드는 게 아니라 어떠한 분위기에서 내가 움직일 수 없는 작은 근육들까지 조화를 이뤄 완성되기 때문에, 촬영할 때 소리를 내며 내가 보여주고 싶은 모습을 보여주는 게 가장 큰 도움이 됩니다. 웃는 사진을 찍을 때에는 '하하', '호호', '히히' 등등의 웃음소리를 촬영 시 '하나둘 소리'에 숨을 가볍게 들이마셨다가 '셋'에 내뱉으면서 자연스럽게 소리를 내보세요. 이때, 그 소리는 본인이 보여주고 싶은 느낌의 소리여야만 합니다.

아름다운 '미소'라는 건 웃겨서 터지는 웃음이 아니고, 어떤 기대감이나 만족감에서 나오는 '환희'라고 생각하세요. 머릿속에 그런 상황을 떠올리면서 숨을 내뱉을 때, 그 어느 때보다 자신만의 예쁜 모습을 촬영할 수 있습니다.

▶ 자료
씨즈 스튜디오
고현석 포토그래퍼

보너스 질문
附加问题

돌다리 질문 1- **1** 면접장까지 어떻게 왔나요?

돌다리 질문 2- **1** 오늘 면접을 위해서, 어제 무엇을 준비했나요?

돌다리 질문 3- **1** 지금 기분이 어떤가요?

돌다리 질문 4- **1** 옆 지원자에 대해서 말해보세요.

돌다리 질문 5- **1** 자신에게 점수를 줘보세요.

돌다리 질문 6- **1** 본인이 면접관이라면, 어떤 지원자를 선택하겠나요? 이유는 무엇인가요?

① 면접장까지 어떻게 왔나요?

你是怎么来面试场的?

▶ 꼭! 알아두기 　**是怎么来的** 어떻게 왔나요

01 저는 10정거장 정도 전철을 타고 왔습니다. 회사까지 30분이 채 걸리지 않습니다.

我是坐地铁来的，大概10站地。不到半个小时就能到公司。

02 마침 집에서 회사까지 바로 오는 버스가 있었습니다. 버스로 40분이면 회사에 도착합니다.

正好有从我家到公司的公共汽车，坐公交车40分钟左右就可以到公司。

03 사실 집에서 회사까지 굉장히 가까워서, 걸어서 15분 만에 도착했습니다.

其实我家离公司很近，走路15分钟就到了。

🔍 **生词**

面试场 miànshìchǎng 면접장 ┃ **大概** dàgài 분 대개, 대략적으로 ┃ **正好** zhènghǎo 분 마침 ┃ **公交车** gōngjiāochē 명 버스 ┃ **离** lí 개 ~에서, ~로부터 ┃ **走路** zǒulù 동 걷다

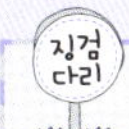

1 오늘 면접을 위해서, 어제 무엇을 준비했나요?

你为了今天的面试，昨天做了哪些准备？

점검다리 昨天做了哪些准备(○) → 昨天准备了什么(△)

▶ 꼭! 알아두기　为了······ ~을 위해서

돌다리 모범답안

01 우선 오늘 가지고 와야 하는 중요한 서류들을 준비해두었습니다. 그리고 한국어와 중국어 면접을 준비했습니다. 특히, 중국어로 면접 보는 것이 쉽지 않기 때문에 제 생각을 어떻게 표현할지 계속 연습했습니다. 마지막으로 오늘 입을 정장을 준비했습니다.

首先我准备了今天要带来的重要文件，然后准备了韩语和汉语的面试，特别是用汉语来面试不太容易，所以我一直努力练习该怎么表达我的想法。最后我准备了今天要穿的西服。

점검다리 表达我的想法(○) → 表达我的意见(△)

02 저는 어제 회사와 관련된 새로운 소식을 다시 찾아보았습니다. 그리고 선배님께 면접 전에 준비할 것들에 관해 물어보았으며, 마지막으로 긍정적인 마음을 유지하려고 노력하였습니다. 저는 면접 볼 때 가장 중요한 것은 긴장하지 않아야 한다고 생각합니다. 그래야 저의 장점을 최대한 발휘할 수 있기 때문입니다.

我昨天又查阅了关于公司的新消息，然后向前辈们请教了去面试前要准备的东西。最后努力保持积极的心态。其实我认为在面试时最重要的是不紧张，那样才能最大限度地发挥自己的优点。

점검다리 向前辈们请教了(○) → 打听了前辈们(△)

生词

首先 shǒuxiān 부 우선 | 特别 tèbié 부 특히 | 该 gāi 조동 ~해야 한다 | 表达 biǎodá 동 나타내다, 표현하다 | 西服 xīfú 명 정장, 양복 | 查阅 cháyuè 동 찾아서 읽다 | 消息 xiāoxi 명 소식, 뉴스 | 积极 jījí 형 적극적이다, 긍정적이다 | 心态 xīntài 명 심리 상태 | 限度 xiàndù 명 한계 | 发挥 fāhuī 동 발휘하다

1 지금 기분이 어떤가요?

你现在心情怎么样?

▶ 꼭! 알아두기 **心情怎么样** 기분이 어때요

01 오늘 면접 자리에 오게 되어서, 저는 이미 굉장히 만족하고 있습니다. 이번이 저의 첫 면접이기 때문에, 어떤 결과가 나오든 받아들일 수 있습니다.

今天能来这里面试，我已经心满意足了。这是我第一次来面试，不管结果如何，我都能接受。

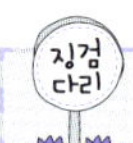

02 면접에 오게 되어 매우 기쁩니다. 이 행복이 끝까지 갈 수 있기를 희망합니다. 감사합니다.

我非常开心能来这里面试。我希望能这样幸福到最后。谢谢考官!

03 먼저 저에게 면접기회를 주셔서 매우 감사합니다. 오늘은 제게 있어 가장 기분 좋은 날입니다.

首先非常感谢给我这个面试的机会，今天是我最高兴的一天。

04 면접이 막 시작되었을 때에는 조금 긴장했습니다. 하지만 점점 면접 분위기에 적응되어, 지금은 그렇게 긴장되지 않습니다.

面试刚开始的时候，有点儿紧张，但是我越来越适应面试的气氛，现在已经不那么紧张了。

🔍 **生词**

心满意足 xīnmǎn yìzú [성어] 매우 만족해 하다 ｜ **不管** bùguǎn [접] ～을 막론하고 ｜ **接受** jiēshòu [동] 받아들이다 ｜
幸福 xìngfú [명] 행복 ｜ **越来越** yuèláiyuè 더욱더 ｜ **适应** shìyìng [동] 적응하다 ｜ **气氛** qìfēn [명] 분위기

1 옆 지원자에 대해서 말해보세요.

请说一下旁边的应聘者。

▶ (꼭) 알아두기　　**请说一下** 소개해 보세요

---

01 옆의 2번 지원자는 성격이 밝은 것 같습니다. 방금 면접장에서 기다리면서, 제게 먼저 말을 걸어 빨리 친구가 될 수 있었습니다. 저는 2번 지원자와 함께 일할 수 있기를 바랍니다.

旁边的2号应聘者好像性格很开朗。我们刚才一起在面试场等待的时候，她先跟我说话，我们很快就成为朋友了。我非常希望能跟她一起工作。

---

02 옆에 2번 지원자 분은 눈이 굉장히 크고 귀엽습니다. 게다가 그녀가 웃는 모습은 너무 아름답습니다. 기회가 된다면 그녀와 함께 일해보고 싶습니다.

旁边的2号应聘者眼睛又大又可爱。而且她笑得很甜。我希望能有机会跟她一起工作。

---

03 그는 굉장히 건강해 보입니다. 저는 회사에서 일할 때에는 몸이 건강한 것이 매우 중요하다고 생각합니다. 저도 앞으로 더욱 열심히 운동해야겠습니다.

他看起来很健壮。我认为在公司工作的时候身体健康很重要。我以后也要多运动。

我以后也要多运动(○) → 我以后也要多做运动(△)

🔍 生词

旁边 pángbiān 몡 옆 | 应聘者 yìngpìnzhě 지원자 | 好像 hǎoxiàng 뷔 마치 ~과 비슷하다 | 开朗 kāilǎng 혱 (성격이) 활달하다, 쾌활하다 | 等待 děngdài 동 기다리다 | 健壮 jiànzhuàng 혱 건장하다 | 健康 jiànkāng 혱 건강하다

1 자신에게 점수를 줘보세요.

请给你自己打一个分吧。

> 징검
> 다리
> 自己打一个分(○) → 自己打分(△)

▶ 꼭! 알아두기 **给你自己** 자신에게

---

01 저는 저에게 90점을 주고 싶습니다. 저는 대학 1학년 때부터 지금까지, 열심히 공부하였고 다양한 사회 활동에도 적극 참여해 왔다고 자신있게 이야기할 수 있습니다. 그래서 성적뿐만 아니라 인간관계도 좋습니다.

我想给我自己打90分。 从大一开始到现在，我可以很自信地说我一直很认真地学习，也积极地参加了各种社会活动，所以我成绩不错，而且人际关系也很好。

> 징검
> 다리
> 我一直很认真地学习(○) → 我很认真地学习了(△)

02 100점을 주기에는 조금 쑥스러워서 80점을 주겠습니다. 저는 열심히 공부했지만 노는 것도 열심히 놀았습니다. 그래서 지금은 어떤 상황에 직면하든 빠르게 적응하고 문제를 해결할 수 있습니다.

我可以给我打80分吧， 我不好意思说给我满分。当然我很努力学习，也很努力地玩儿。因此现在不管遇到什么情况，我都能很快适应并解决问题。

📖 **生词**

打分 dǎfēn 점수를 매기다 | 自信 zìxìn 동 자신하다 | 认真 rènzhēn 형 착실하다, 성실하다 | 人际关系 rénjì guānxi 인간관계 | 不好意思 bù hǎoyìsi 쑥스럽다 | 不管 bùguǎn 접 ~을 막론하고 | 遇到 yùdào 동 맞닥뜨리다

1 본인이 면접관이라면, 어떤 지원자를 선택하겠나요?
이유는 무엇인가요?

**如果你是面试官的话，你会选择哪个应聘者？
为什么？**

▶ 꼭! 알아두기 **如果……的话** 만약 ~라면

01 오늘 면접장에서 만났던 지원자들 모두 굉장하다고 생각합니다. 특히, 지금 같이 면접을 보고 있는 지원자들이 모두 훌륭한 것 같아서 도저히 누구를 선택할 수가 없습니다.

我认为今天在面试场见过的应聘者都很棒。特别是现在一起面试的应聘者都很优秀，我实在无法做出选择。

02 만일 누군가를 반드시 선택해야 한다면, 저는 어쩔 수 없이 3번 지원자를 선택하겠습니다. 방금 3번 지원자의 이야기를 듣고 나니, 능력이 있고 외국계 기업에서 일하는 것이 적합한 사람인 것 같습니다.

如果一定让我来选择一个应聘者，我不得不选择3号应聘者。刚才我听了他的想法，我觉得他很有才能，而且他很适合外国公司的工作。

03 만약 제가 면접관이라면 저는 저를 선택하겠습니다. 저는 대학교 2학년 때부터 귀사에 입사하기 위해 다방면의 경험을 쌓았기 때문입니다. 특히, 커피숍에서 2년간 일하면서 어떻게 고객에게 세심한 서비스를 해야 하는지를 배웠습니다. 이러한 경험들이 제가 귀사에서 근무하는 데 분명 큰 도움이 될 것입니다.

如果我当面试官的话，我会选择我自己。因为我从大二开始为了应聘贵公司，积累了好多方面的经验。特别是我在一家咖啡厅工作了两年，这使我学会了如何提供给客人周到的服务。这种经历对我在贵公司的工作会有很大的帮助。

04 저는 2번 지원자인 저를 선택하겠습니다. 다른 지원자들도 모두 열심히 귀사의 채용에 준비했을 것입니다. 하지만 저는 귀사에 입사하기 위해서 작년부터 귀사에서 반년동안 인턴을 하였습니다. 인턴경험을 통해서 이미 귀사의 기업문화를 대략 파악하였기 때문에, 빠르게 업무환경에 적응할 수 있을 것입니다.

我选择2号应聘者，也就是我自己。其他的应聘者也很认真、很努力地准备了贵公司的应聘。不过我从去年开始为了进入贵公司，在贵公司实习了半年。通过实习我已经大概地了解了贵公司的企业文化，所以我能很快适应贵公司的工作环境。

🔍 生词

棒 bàng 〔형〕 (성적이) 좋다 | **无法** wúfǎ 〔동〕 방법이 없다 | **不得不** bùdébù 〔부〕 어쩔 수 없이 | **才能** cáinéng 〔명〕 재능 | **咖啡厅** kāfēitīng 〔명〕 커피숍 | **使** shǐ 〔동〕 ~하게 하다 | **如何** rúhé 〔대〕 어떻게 | **周到** zhōudào 〔형〕 세심하다 | **大概** dàgài 〔부〕 대개, 아마도

MEMO

MEMO